W0182767

Vegetarisches Kochbuch für Anfänger

111 Köstliche vegetarische Gerichte

Nina Kemp

Copyright © 2019 Nina Kemp

Alle Rechte vorbehalten.

ISBN: 9781072663638

Inhalt

Warum Vegetarismus?

Die Menschen entscheiden sich aus vielen Gründen für eine vegetarische Ernährung. Für einige Menschen ist das Essen vegetarisch ein Weg, gesünder zu sein oder Hormone in tierischen Lebensmitteln zu vermeiden. Für andere hat diese Art des Essens mehr mit Religion, Tierrechten oder Umweltbelangen zu tun. Wenn Sie eine vegetarische Ernährung in Betracht ziehen, sollten Sie überlegen, welche Art von Vegetarier Sie sind. Wenn Sie sich entschieden haben, welche Nahrungsmittel Sie meiden, sollten Sie auch einen Plan haben, um sicherzustellen, dass Sie alle Nährstoffe erhalten, die Ihr Körper benötigt.

Vorteile der vegetarischen Ernährung

Pflanzliche Ernährung hat viele nachgewiesene Vorteile, darunter ein geringeres Risiko für Fettleibigkeit und chronische Krankheiten wie Herzkrankheiten und Diabetes. Laut der Forschung können Sie viele dieser schützenden Vorteile auch von einer vegetarischen Ernährung erhalten. In einer Studie wurde festgestellt, dass Frauen, die Vegetarier waren, jedes Jahr um 2,5 kg weniger zunahmen als Frauen, die Fleisch aßen. Menschen, die ihre Ernährung auf pflanzlicher Basis umgestellt haben, nahmen am wenigsten an Gewicht zu, was zeigt, dass eine Verringerung des Tierverbrauchs für Sie gut sein kann, unabhängig von Ihren aktuellen Ernährungsgewohnheiten. Eine andere Studie kam zu dem Schluss, dass Vegetarier ein niedrigeres Risiko für die Entwicklung von Diabetes bei 4,8% hatten, verglichen mit Fleischesser bei 7,6%. In einer großen Studie ging hervor, dass Menschen, die selten Fleisch gegessen haben oder Vegetarier waren. Ein um 22% niedrigeres Risiko, an Herzkrankheiten zu sterben, als Fleischesser.

Arten von vegetarischer Ernährung

Es gibt verschiedene Arten von vegetarischer Ernährung, hier werden Ihnen die vier am häufigsten vorgestellt.

Vegetarier

Wenn Sie sich vegetarisch ernähren, essen Sie kein Fleisch, Geflügel oder Fisch. Diese Kategorie von Essern kann weiter unterteilt werden, welche tierischen Produkte in Ihre Ernährung aufnehmen möchten:

- Lakto-Ovo- Vegetarier essen sowohl Eier als auch Milchprodukte
- Lacto- Vegetarier essen Milchprodukte, aber keine Eier
- Ovo- Vegetarier essen Eier, aber keine Milchprodukte

Vegan

Wenn Sie sich vegan ernähren, essen Sie kein Fleisch, Geflügel oder Fisch. Sie essen, aber auch keine Milchprodukte, Eier oder andere tierische Produkte wie Gelatine oder Honig.

Teilweise vegetarisch

Ein Teilvegetarier isst kein Fleisch

- Pescatarians essen Fisch, meiden aber alles andere Fleisch
- Pollo-Vegetarier essen Geflügel, meiden aber anderes Fleisch und Fisch

Flexitarian

Andere folgen einer so genannten semivegetarischen oder flexitären Ernährung. Menschen, die diese Ernährung befolgen, essen hauptsächlich pflanzliche Lebensmittel, können aber gelegentlich auch Fleisch, Milchprodukte, Eier, Geflügel und Fisch in kleinen Mengen essen.

Was ist ein Pescatarianer

Ein Pescatarian ist jemand, der Fisch und Meeresfrüchte zu einer vegetarischen Diät hinzufügt. Es gibt viele Gründe, warum Menschen auf Fleisch und Geflügel verzichten und trotzdem Fisch essen. Einige Menschen entscheiden sich, Fisch zu einer vegetarischen Ernährung hinzuzufügen, damit sie die gesundheitlichen Vorteile einer pflanzlichen Ernährung und nahrhaften Fisch erhalten können. Andere versuchen, die Umweltauswirkungen ihrer Ernährung einzudämmen. Für manche mag es einfach Geschmackssache sein. In diesem Kapitel werden die Vor- und Nachteile einer Pescatarian-Ernährung näher erläutert. Dazu gehört auch, was genau ein Pescatarian ist und was nicht.

Bluthochdruck senken!

Bluthochdruck auch genannt Hypertonie ist eine der am häufigsten auftretenden Krankheiten in den heutigen Industrieländern und erhöht das Risiko für eine Herz-Kreislauf-Erkrankung. Eine Hypertonie wird diagnostiziert, wenn der Blutdruck dauerhaft über 140/90 mmHg liegt. Risikofaktoren dafür sind unter anderem eine zu hohe Aufnahme von Salz, Kalorien und Alkohol, eine niedrige Kaliumzufuhr sowie Übergewicht und Diabetes Typ 2. Bluthochdruckpatienten können unter anderem unter Kopfschmerzen, Schwindel und Müdigkeit leiden und weniger leistungsfähig sein. Viele Betroffene bleiben jedoch auch Jahrelang symptomlos.

Zur Vorbeugung wird empfohlen, Übergewicht zu vermeiden bzw. zu behandeln, sich ausreichend körperlich zu betätigen sowie viel Gemüse, Obst und fettarme Milchprodukte zu essen. Zudem sollte man die Zufuhr von Alkohol sowie von Kochsalz, zum Beispiel über Fertigprodukte, reduzieren. Wer sich vegetarisch ernährt, hat gute Chancen, von einer Hypertonie verschont zu bleiben. Da Vegetarier im Durchschnitt weniger dick sind und bei einer ausgewogenen Ernährungsweise oftmals deutlich mehr Obst und Gemüse zu sich nehmen als Mischköstler, leiden sie im Schnitt auch seltener an Bluthochdruck.

Küchentipps

Blumenkohl

Der Blumenkohl bleibt schön weiß, wenn man etwas Zitronensaft oder Milch mit ins Kochwasser gibt.

Zwiebeln

Zwiebel immer in feine Würfel schneiden und nicht hacken, da sie sonst leicht bitter schmecken. Zieht man die Schale unter kaltem Wasser ab, gibt es keine Tränen.

Sauerrahm

Sauerrahm macht zu scharf gewordenes Curry oder Gerichte mit Chili wieder milder. Einfach etwas Sauerrahm oder Créme fraíche in das fertige Essen rühren.

Nüsse

Nüsse werden wegen ihres hohen Fettgehalts schnell ranzig. Reste lassen sich aber gut einfrieren. Sie halten sich so bis zu drei Monate frisch.

Tomatenöl

Tomatenöl von eingelegten Tomaten nicht entsorgen. Das würzige Öl eignet sich gut für die Zubereitung von Salatmarinaden und auch zum Schmoren.

Kartoffelpüree

Kartoffelpüree wird schön würzig, wenn man etwas frisch geriebenen Parmesan untermischt. Mit fertigem Pesto (aus dem Glas) erhält das Püree eine mediterrane Note.

Muffins

Muffins lassen sich gut vorbereiten: Den rohen Teig in Papierförmchen füllen und in den Mulden eines Muffinblechs vorfrieren. Dann herausnehmen und gut verpackt tiefkühlen. Bei Bedarf die Muffins antauen lassen, in den Ofen geben und backen.

Ei-Ersatz

Sollten mal keine Eier im Haushalt haben, kann man stattessen zwei Esslöffel Milch und eine Messerspitze Backpulver für den Teig nehmen. Eine andere Alternative wäre Ersatzpulver. Früher gab es Ersatzpulver nur konventionell, strotzend vor Zusatzstoffen. Mittlerweile finden sich auch Mischungen in Bio-Qualität. Basis sind pflanzliche Eiweißquellen wie Lupinen, Kartoffeln oder Erbsen, auf Emulgatoren wird verzichtet. Die Pulver eignen sich für und herzhafte Speisen von Kuchen über Auflauf bis Baiser. Die Produkte ersetzten entweder das Eiweiß, das Eigelb oder das ganze Ei, daher zur Verwendung die Packungsanleitung beachten.

Banane ist ebenfalls ein guter Ei-Ersatz für Süße Speisen. Sie passt besonders in Nuss-, Kokos- und Schokoladenkuchen. Und so geht's: Pro Ei jeweils eine halbe reife (wichtig!) Banane gut zermusen und untermischen. Wie bei Apfelmus gilt: ½ TL Backpulver zusätzlich macht das Ergebnis luftiger. Übrigens: Viele Rezepte gelingen auch ohne Ei. Gerade wenn es nur eins ist – einfach weglassen.

Leinsamen geschrotet oder gemahlen eignen sich die kleinen braunen Samen gut zum Binden von Vollkorn-Gebäck, flachen Rührkuchen oder Herzhaftem wie Bratlingen. Sie schmecken durch den Leinsamen leicht nussig. So geht's: 1 EL Leinsamschrot mit 3 EL warmen Wasser anrühren. Ersetzt ein Ei. Leinsamen eignet sich außerdem auch als Ersatz für Eiweiß in Cremes oder Mousse. So geht's: 4 EL ganze Leinsamen in 500 ml Wasser aufkochen und ca. 20 Minuten sanft köcheln lassen (das wird schön schleimig und das soll es auch). Durch ein Sieb geben und abkühlen lassen. Die Masse lässt sich dann ähnlich aufschlagen wie Eischnee.

Chiasamen bringen Bindung und wertvolle Omega 3-Fettsäuren ins Gebäck. Sie passen gut zu süßem Kuchen oder auch kernigen Kräckern. So geht's: 1 EL Chiasamen mit 4 EL Wasser mischen und 15 Minuten quellen lassen, bevor sie in den Teig kommen. Wer nicht so gerne auf die kleinen Körnchen beißt, kann sie in einer Kaffeemühle vor dem Quellen zu Mehl mahlen.

Spargel

Frische ist bei Spargel A und O. Die Schnittfläche sollte glatt und feucht sein. Frischer Spargel bricht leicht und quietscht, wenn man die Stangen aneinander reibt. Direkt nach dem Einkaufen in ein feuchtes Tuch wickeln und im Kühlschrank lagern. So bleibt er zwei, drei Tage frisch. Weißen Spargel schälen, beim grünen nur Enden abschneiden.

Spargel kochen: In den Topf kommen Wasser und Salz. Eine Prise Zucker mildert Bitterstoffe, ein Spritzer Zitronensaft sorgt für weißere Stangen, ein Löffel Butter hebt den Geschmack. Wasser mit allen Zutaten aufkochen, Spargel einlegen und bei schwacher Hitze je nach Dicke der Stangen 12-20 Minuten gar ziehen lassen.

Bohnen

Frischezeichen: Wenn man die straffen, makellosen Schoten knickt, knacken sie hörbar. Zeichnen sich die die Bohnenkerne unter der Hülse ab, sind die Bohnen überlagert. In ein feuchtes Tuch gewickelt, hält sich das erntefrische Gemüse zwei bis vier Tage im Kühlschrank frisch.

Vorsicht: Essen Sie grüne Bohnen nie roh. Sie enthalten den schädlichen Eiweißstoff Phasin. Dieser kann das Blut verklumpen. Dann sind Erbrechen, Durchfall sowie schwere Magen- und Darmbeschwerden die Folge. Durch Kochen aber wird dieser Stoff unschädlich gemacht.

Vegetarische Rezepte

Einige Rezepte sind vegan oder werden mit veganer Variante angeboten. Wir alle lieben die vegetarische Küche. Daher steckt in diesen Rezepten, viel Herzblut, Erfahrung und Sorgfalt. Aus normalen Zutaten alltagstaugliche aber dennoch leckere Mahlzeiten zu zaubern, ist mein großes Anliegen. In meinen Rezepten werden saisonale Lebensmittel bevorzugt. So und jetzt wünsche ich Ihnen viel Spaß beim Kochen.

Auf Bilder habe ich bewusst verzichtet, um die enormen Druckkosten so niedrig wie möglich zu halten, somit kann ich das Buch günstig anbieten.

Frühstück

Schoko-Nuss-Müsli mit Vanille-Honig-Joghurt

Dauer: ca. 30 Minuten
Pro Glas: ca. 322 kcal, 1350 kJ, 8 g EW, 40 g KH, 14 g Fett

Zutaten für 8 Gläser á 200 ml
40 g Haselnusskerne
140 g großblatt-Haferflocken
40 g geschrotete Leinsamen
2 EL Kakaopulver
2 EL Kokosöl
9 EL flüssiger Honig
60 g Zartbitterschokolade
500 g Naturjoghurt
1 Bio-Zitrone
½ TL Vanillepulver
350 g Orangen
250 g Birnen
200 g Äpfel

Außerdem:
Backpapier
8 Gläser á 200 ml
Etwas Minze zum Garnieren

Zubereitung:

1. Backofen auf 180 Grad vorheizen. Haselnüsse klein hacken und in einer Schüssel mit Haferflocken, Kakao und Leinsamen mischen. Öl in einen Topf zerlassen, mit 4 EL Honig vermischen und unter die Haferflockenmischung rühren. Das Müsli auf mit Backpapier belegtem Backblech verteilen, leicht andrücken und 15 Minuten backen.
2. Die Zartbitterschokolade fein hacken. Das Müsli aus dem Ofen nehmen und in eine Schüssel füllen. Die Schokoladen Stücke unter das Müsli mischen und abkühlen lassen.
3. Den Joghurt mit 3 EL Honig in einer Schüssel glatt rühren. Zitrone heiß abwaschen, trocken reiben, 2 TL Schale fein abreiben und ca. 5 EL Saft auspressen. Schalenabrieb zusammen mit Vanille unter den Joghurt rühren. Zitronensaft in einer Schüssel mit 2 EL Honig vermischen.
4. Orangen schälen, in Spalten zerteilen und diese quer in 1,5 cm dicke Stücke schneiden. Äpfel und Birnen waschen, vierteln bzw. achteln und dünne Scheiben schneiden. Früchte in Honig-Zitronen-Mischung wenden. Das Müsli auf 8 Gläser aufteilen, Honig-Vanille-Joghurt und Früchte darübergeben und mit Minze garnieren.

Spiegelei mit Reis und Erbsen

Dauer 15 Minuten
Pro Portion: ca. 658 kcal, 2755 kJ, 25 g EW, 47 g KH, 39 g Fett

Zutaten für 2 Portionen:
100 g TK-Erbsen
4 EL Öl aufgeteilt 2 EL + 2 EL
1 EL Butter
100 g abgekochter reis
2 EL Schmand
Prise Salz und Pfeffer
2 Eier
2 EL Öl
2 EL Schnittlauchröllchen

Zubereitung:

1. In einer Pfanne mit 2 EL Öl die Erbsen 5 Minuten bei mittlere Hitze anbraten. Butter und gekochter Reis dazugeben und alles bei starker Hitze 5 Minuten braten. Schmand ebenfalls untermischen. Mit Salz und Pfeffer würzen.
2. Die Eier in einer beschichteten Pfanne mit Öl zu Spiegeleiern braten und mit Salz würzen und sofort servieren.

Bananen-Schoko-Pfannkuchen

Dauer 20 Minuten
Pro Portion: ca. 240 kcal, 14 g EW, 30 g KH, 7 g Fett

Zutaten für 2 Portionen:
1 reife Banane
2 EL Granatapfelkerne
50 g Hafermehl
70 ml Sojamilch
1 EL Cashewcreme
1 EL Kakaopulver
1 EL Kokosöl
1 EL Kokosblütenzucker
½ TL Backpulver
Prise Salz

Zubereitung:

1. Banane schälen und zerdrücken. Hafermehl, Kakaopulver, Sojamilch, Backpulver, Salz und Kokosblütenzucker mit der Banane in einen Rührbecher geben. Mit dem Handrührer einen Teig verrühren.
2. In einer Pfanne das Kokosöl erhitzen und den Teig mit einem Esslöffel hineingeben. Die Pfannkuchen von beiden Seiten goldbraun braten.
3. Auf Teller anrichten und mit Granatapfelkernen und Cashewcreme garnieren.

Kräuter-Omelett

Dauer 15 Minuten
Pro Portion: ca. 231 kcal, 16 g EW, 4 g KH, 16 g Fett

Zutaten für 4 Portionen:
1 rote Zwiebel
1 Handvoll Kerbel
½ Bund Schnittlauch
1 Kästchen Kresse
8 Eier
Prise Salz und Pfeffer
8 EL Wasser mit Kohlensäure
2 EL Sonnenblumenöl

Zubereitung:

1. Zwiebel schälen und würfeln. Alle Kräuter kalt abwaschen. Kerbel klein hacken, Schnittlauch in feine Röllchen schneiden und Kresse vom Beet unten abschneiden.
2. Eier mit Pfeffer, Salz und Mineralwasser ca. 15 Sekunden verquirlen. Schnittlauch und Kerbel untermengen.
3. 1 EL Öl in einer Pfanne erhitzen, die Hälfte der Zwiebelwürfel anschwitzen. Danach die Hälfte der Eiermasse hinzu gießen. Bei schwacher Hitze stocken lassen. Nach ca. 5 Minuten das Kräuter-Omelett wenden und für weitere 2 Minuten stocken lassen. Für das zweite Omelett den Vorgang wiederholen. Das Kräuter-Omelett mit Kresse bestreuen und servieren.

Himbeer-Müsli to Go

Dauer 10 Minuten
Pro Portion: ca. 410 kcal, 21 g EW, 44 g KH, 13 g Fett

Zutaten für 6 Portionen:
500 g Speisequark
500 g griechischer Joghurt
2 Päckchen Vanillezucker
300 g Knuspermüsli
500 g TK-Himbeeren
2 EL Kakao

Zubereitung:

1. Joghurt und Quark glatt rühren. Vanillezucker untermengen. Die Hälfte des Müslis auf 6 Gläser verteilen. Hälfte der Creme darauf glatt streichen und die Hälfte der TK- Himbeeren darauf geben.
2. Je eine zweite Schicht Müsli Creme und Beeren einschichten. Vor dem Servieren die Beeren an der Oberfläche mit Kakaopulver bestäuben.

Blätterteig-Muffins

Dauer 60 Minuten
Pro Portion: ca. 260 kcal, 9 g EW, 14 g KH, 19 g Fett

Zutaten für 12 Muffins
450 g TK Blätterteig
3 Eier
200 g Saure Sahne
Prise Salz und Pfeffer
1 Stange Porree
½ Zitrone
200 g grüner Spargel
1 EL Öl
100 g Feta
3 EL Sonnenblumenkerne
2 EL Schnittlauch
Etwas Mehl für die Arbeitsfläche
1 Muffinblech mit 12 Mulden

Zubereitung:

1. Blätterteig auftauen lassen. Eier und Saure Sahne mit Pfeffer und Salz glatt rühren. Porree waschen in dünne Ringe schneiden. Zitrone heiß abwaschen, trocken reiben und die Schale abreiben. Porree und Zitronenzesten mit der Hälfte der Saure-Sahne-Mischung vermischen. Mit Pfeffer und Salz würzen.
2. Spargel waschen, die Enden abschneiden und in kleine Stücke schneiden. Öl in einer Pfanne erhitzen, den Spargel darin kurz anbraten und mit Pfeffer und etwas Salz würzen. Feta zerbröseln und mit dem Spargel unter die restliche Saure Sahne mischen.
3. Blätterteigscheiben halbieren, damit aus jeder Scheibe 2 Quadrate entstehen. Die Mulden vom Muffinblechs mit Mehl bestäuben und mit je einem Stück Blätterteig auslegen. 6 Mulden mit der Eier-Sahne-Mischung füllen und 6 Mulden mit der Spargelcreme füllen.

4. Die Muffins im vorgeheizten Ofen bei 200 Grad ca. 20 Minuten backen. Die Muffins herausnehmen, abkühlen lassen und aus der Form lösen. Sonnenblumenkerne grob hacken. Die Eier-Sahne-Muffins mit Sonnenblumenkerne und die Spargel-Muffins mit Schnittlauch bestreuen.

Frühstücks-Smoothie

Dauer 10 Minuten
Pro Portion: ca. 103 kcal, 3 g EW, 20 g KH, 1 g Fett

Zutaten für 2 Portionen:
1 Banane
40 g frischer Spinat
¼ Messerspitze Vanillemark
200 ml Haferdrink
150 g Himbeer-Heidelbeer-Mix
½ EL Agavendicksaft

Zubereitung:

1. Bananen schälen und in Stücke schneiden. Spinat verlesen, waschen und abtropfen lassen. Die Bananenstücke mit Vanillemark, 50 ml Wasser, 100 ml Haferdrink und Spinat in den Mixergeben und fein pürieren. Den grünen Smoothie auf 2 Gläser verteilen.
2. Gefrorene Beeren, 100 ml Haferdrink, Agavendicksaft und 50 ml Wasser in den Mixer und ebenfalls fein pürieren. Den Rosa Smoothie langsam auf den grünen Smoothie füllen.

Hirseporridge mit Birne

Dauer 20 Minuten
Pro Portion: ca. 350 kcal, 8 g EW, 50 g KH, 15 g Fett

Zutaten für 2 Portionen:
400 ml Mandelmilch
100 g Hirse
1 Birne
1 EL Leinsamen
2 EL weißes Mandelmus
Prise Zimt

Zubereitung:

1. Mandelmilch in einem Topf zum Kochen bringen. Vom Herd nehmen und die Hirse einrühren. Danach bei niedriger Temperatur für 5 Minuten köcheln lassen und die Hirse für weitere 10 Minuten quellen lassen.
2. In der Zwischenzeit die Birne waschen, halbieren und entkernen und in mundgerechte Stücke schneiden. Den Porridge in eine Schale stürzen und mit Zimt und Mandelmus untermengen. Leinsamen darüber streunen und servieren.

Apfel-Eierkuchen

Dauer 25 Minuten
Pro Portion: ca. 435 kcal, 4 g EW, 81 g KH, 10 g Fett

Zutaten für 4 Portionen:
300 g Mehl
400 ml Sojamilch
1 roter Apfel
1 Vanilleschote
20 g Puderzucker
1 TL Backpulver
Kokosfett oder Öl zum braten
Etwas Marmelade Ihrer Wahl

Zubereitung:

1. Vanilleschote waschen und halbieren und das Mark mit einer Messerspitze auskratzen.
2. Den Apfel schälen, entkernen, das Fruchtfleisch mit einer Reibe in dünne Streifen reiben. In einer Schüssel Backpulver, Mehl, Zucker und Vanillemark vermischen.
3. Sojamilch dazugeben und mit einem Handrührgerät zu einem glatten Teig mischen. Apfelstreifen dazugeben und noch kurz mit einem Löffel untermischen.
4. In einer Pfanne etwas Kokosfett oder Öl erhitzen, den Teig mit einem Löffel in die Pfanne geben und den Apfel-Eierkuchen braten. Den Kuchen von beiden Seiten goldbraun anbraten. Herausnehmen und mit Marmelade servieren.

Frühstücksbrei mit Walnüssen und Trauben

Dauer 10 Minuten
Pro Portion: ca. 605 kcal, 2533 kJ, 16 g EW, 70 g KH, 26 g Fett

Zutaten für 2 Portionen:
1 reife Birne
60 g Trauben
3 EL Frühstücksbrei
150 ml Orange-Mango-Direktsaft
½ TL Zimt
150 g Joghurt
30 g Walnüsse

Zubereitung:

1. Die Birne waschen und in kleine Würfel schneiden. Die Trauben abzupfen und waschen. In einem Topf Frühstücksbrei mit Saft verrühren und kurz aufkochen lassen. Vom Herd nehmen und Zimt und Joghurt unterheben.
2. Den Brei auf einen tiefen Teller geben und die Früchte und Walnüsse oben drauf geben und servieren.

Kascha mit Beeren

Dauer 20 Minuten
Pro Portion: ca. 296 kcal, 1239 kJ, 4 g EW, 58 g KH, 5 g Fett

Zutaten für 2 Portionen:
50 g Buchweizen
½ Eiweiß
100 ml Wasser
50 g Zucker
½ TL Butter

Für das Beerentopping:
30 g Zucker
50 g Blaubeere
50 g Himbeere
½ Prise Zimt

Zubereitung:

1. In einem kleinen Topf Buchweizen und Eiweiß unter ständigem Rühren erhitzen. Wenn das Eiweiß gestockt ist, danach das Wasser dazu gießen und mit dem Zucker 15 Minuten köcheln lassen, bis das Wasser komplett vom Buchweizen aufgesaugt ist.
2. Wenn der Buchweizenbrei fertig gegart ist, dann die Butter untermischen. Danach 50 g Zucker mit 2 EL Wasser in einen flachen Topf geben, kurz erhitzen, bis die Masse karamellisiert ist. Die Beeren mit 2 EL Wasser dazugeben. Die Herdplatte ausschalten und mit der restwärme eine Prise Zimt dazugeben kurz umrühren und warm servieren.

Acai-Müsli

Dauer 10 Minuten
Pro Portion: ca. 381 kcal, 1592 kJ, 11 g EW, 49 g KH, 16 g Fett

Zutaten für 2 Portionen:
50 g geforene Blaubeere
140 g Vollkornmüsli
200 g Joghurt
1 EL Mandel, klein gehackt
1 TL Honig
1 TL Acai-Pulver
1 Stiel Minze

Zubereitung:

1. Den Joghurt mit Honig und Acai-Pulver für 1-2 Minuten mixen, bis das Pulver komplett im Joghurt gelöst ist. Das Vollkornmüsli mit den gehackten Mandeln in eine Frühstückschale geben und mit Joghurt befüllen.
2. Die Beeren und einige Minzblättern dazugeben und servieren.

Haferflocken mit Hüttenkäse

Dauer 25 Minuten
Pro Portion: ca. 323 kcal, 1349 kJ, 20 g EW, 36 g KH, 12 g Fett

Zutaten für 2 Portionen:
200 g Frischkäse, körnig
2 EL Honig
½ TL Zimt
30 g Cashewkerne
70 g Haferflocke, kernig
100 g Erdbeeren
2 Blätter Zitronenmelisse

Zubereitung:

1. Käse, Honig, Zimt in eine Schüssel miteinander vermischen. Cashewkerne fein hacken und in einer Pfanne ohne Fett goldbraun rösten. Herausnehmen und abkühlen lassen. Haferflocken und Cashewkerne unter den Käse heben.

Hauptspeisen

Gefüllte Ofenkartoffel mit Rotkrautsalat

Dauer: ca. 1 Stunde 10 Minuten (inkl. Backzeit 45-60 Minuten Backzeit)
Pro Portion: ca. 456 kcal, 1910 kJ, 23 g EW, 57 g KH, 14 g Fett

Zutaten für 4 Portionen:

Für den Quark
250 g Magerquark
200 g körniger Frischkäse
1 EL Leinöl oder Rapsöl
1 Kästchen Kresse
1 TL Kräutersalz

Für die Offenkartoffel
4 große Backkartoffeln á ca. 280 g
20 g Butter
500 g Rotkohl
Prise Salz
80 g Zwiebeln
150 g grüne Äpfel
2 EL Walnusshälften
1 EL Dijonsenf
3 EL Apfelessig
2 EL Zitronensaft
1 Messerspitze Cayennepfeffer
Prise schwarzer Pfeffer
Prise getrockneter Thymian
2 EL Rapsöl

Zubereitung:

1. Backofen auf 210 Grad (Umluft 190 Grad) vorheizen. Kartoffeln waschen und nebeneinander in eine Auflaufform legen. Je nach Größe 45-60 Minuten backen. Gegen Ende der Backzeit mit einer Gabel einstechen und prüfen, ob die Kartoffeln gar sind.
2. In der Zwischenzeit den Rotkohl waschen, vierteln, den Strunk entfernen und Vierteln längs in feine Streifen hobeln. 1 TL Salz untermengen und mit den Händen gut vermischen. Zwiebel schälen und fein würfeln. Äpfel waschen, vierteln, entkernen und in 0,5 cm große Würfel schneiden. Äpfel zusammen mit Zwiebeln zum Rotkohl geben und gut mischen. Walnüsse grob hacken und mit Essig, Senf, Cayennepfeffer, Prise Pfeffer, 1 EL Zitronensaft, Rapsöl und Thymian in einer Schüssel zu einem Dressing vermischen und unter den Salat mischen. Abgedeckt durchziehen lassen.
3. Für den Kressequark Leinöl und körnigen Frischkäse in einer Schüssel verrühren. Kresse abschneiden und ca. ¾ unter den Quark mischen. 1 EL Zitronensaft und Salz abschmecken. Kartoffeln aus dem Ofen nehmen, auf 4 Tellern legen, längs ca. 1 cm tief einschneiden und mit den Händen auseinanderdrücken. Mit der Gabel das Kartoffelinnere etwas lockern, Butter darüber verteilen und etwas mit dem Kartoffelinneren vermischen. Rotkraut-Apfel-Salat und Kressequark oben drauf geben und mit der übrigen Kresse garnieren und sofort servieren.

Bandnudeln mit Rotkohl

Dauer: ca. 50 Minuten (inkl. 10 Minuten Wartezeit)
Pro Portion: ca. 527 kcal, 2210 kJ, 16 EW, 82 g KH, 14 g Fett

Zutaten für 4 Portionen:
200 g Zwiebeln
4 Knoblauchzehen
800 g Rotkohl
6 EL Bratöl
1 TL Rohrzucker
60 g getrocknete Soft-Tomaten
1 Bund glatte Petersilie (ca. 20 g)
400 g Bandnudeln
Prise Salz und schwarzer Pfeffer
Nach Belieben etwas Petersilie
Etwas Sonnenblumenkerne zum Garnieren

Zubereitung:

1. Knoblauch und Zwiebeln schälen und fein würfeln. Rotkohl waschen, halbieren, die Hälften dann fein hobeln. Öl in eine Pfanne erhitzen und Zwiebeln, Knoblauch und Rotkohl darin unter Rühren ca. 6 Minuten bei hoher Hitze anbraten. Zucker darüberstreuen und Gemüse unter gelegentlichem Rühren ca. weitere 25 Minuten bei niedriger bis mittlere Hitze schmoren lassen. Soft-Tomaten in Streifen schneiden und ca. 12 Minuten vor Ende der Garzeit unterrühren.
2. In der Zwischenzeit Petersilie waschen und trocken schütteln. Die Blättchen abzupfen und klein hacken. Nudeln nach Packungsanleitung in Salzwasser al dente garen. Sie sollten nach der Schmorzeit ebenfalls fertig sein. Nudeln abgießen, dabei 300 ml Kochwasser auffangen, und tropfnass zurück in den Topf geben.

3. Petersilie unter den Kohl heben und Kochwasser untermengen. Kräftig mit Salz und Pfeffer abschmecken. Nudeln mit dem Kohl vermischen und nochmals abschmecken und nach Belieben mit Petersilie und Sonnenblumenkerne garnieren und sofort servieren.

Rotkohl-Gemüse mit Pilzen und Reisnudeln

Dauer: ca. 40 Minuten
Pro Portion: ca. 350 kcal, 1460 kJ, 7 g EW, 50 g KH, 14 g Fett

Zutaten für 4 Portionen:
Ca. 150 g Reisnudeln
600 g Rotkohl
200 g Shiitakepilze
100 g Lauchzwiebeln
300 g Möhren
3 EL Sesam
40 g Kokosöl
6 EL milde Sojasauce z.B. Shoyu
1 Messerspitze Cayennepfeffer
Prise Salz
8 Stiele Koriander

Zubereitung:

1. Reisnudeln nach Packungsanleitung zubereiten. Rotkohl waschen, halbieren, Strunk entfernen und in feine Streifen schneiden (0,5 cm breite Streifen). Pilze waschen, trocken tupfen und in 0,5 cm dicke Scheiben schneiden. Lauchzwiebeln waschen und den weißen und grünen Teil jeweils getrennt voneinander in dünne Ringe schneiden. Möhren schälen und grob reiben.

2. Sesam in einer Pfanne ohne Fett bei mittlere Hitze rösten, bis er fein duftet, und zum Abkühlen auf einen Teller geben. Öl in einer Pfanne erhitzen und weiße Lauchzwiebeln, Rotkohl, Pilze darin unter gelegentlichem Rühren ca. 5 Minuten bei hoher Hitze anbraten. Möhren dazugeben und 1-2 Minuten mit anbraten, ggf. die Hitze senken. Mit Sojasauce ablöschen.
3. Reisnudeln, grüne Lauchzwiebeln und Sesam untermischen und kurz erwärmen. Mit Cayennepfeffer und Salz abschmecken. Koriander waschen, trocken schütteln und die Blätter abzupfen. Rotkohl-Gemüse-Wok auf 4 tiefe Teller portionieren und mit Koriander garnieren und sofort servieren.

Rotkohl-Linsen-Pfanne

Dauer: 40 Minuten
Pro Portion: ca. 627 kcal, 2620 kJ, 28 g EW, 72 g KH, 25 g Fett

Zutaten für 4 Portionen:
150 g Tellerlinsen
1 Lorbeerblatt
Prise Salz
1 Bund glatte Petersilie
500 g Rotkohl
300 g rote Zwiebeln
1 EL flüssiger Honig
1 TL getrockneter Thymian
1 Messerspitze Cayennepfeffer
75 ml Gemüsebrühe
2 EL heller Balsamico-Essig
4 EL Bratöl
180 g Feta
8 Scheiben Ciabatta
1 Knoblauchzehe
Etwas Thymian zum garnieren

Zubereitung:

1. Linsen nach Packungsanleitung in Salzwasser garen. Petersilie unter kaltem Wasser abbrausen und trocken schütteln, die Blätter abzupfen und grob hacken. Rotkohl waschen, je nach Größe vierteln oder achteln und in 1 cm breite Streifen schneiden.
2. Pilze waschen und je nach Größe vierteln oder achteln. Zwiebeln schälen, halbieren und in dünne Halbringe schneiden.
3. Honig, Cayennepfeffer, Thymian, Brühe und Essig in einer Schale verrühren.
4. 3 EL Öl in einer Pfanne oder Wok erhitzen und Zwiebeln und Pilze darin unter gelegentlichem Rühren ca. 2 Minuten bei hoher Hitze anbraten. Mit 1 ½ TL Salz würzen.
5. Den Rotkohl dazugeben und ca. 4 Minuten mit anbraten. Linsen dazugeben und mit der Honig-Mischung ablöschen und bei mittlere Hitze so lange weiterbraten, bis die Flüssigkeit fast verdampft ist. Mit etwas Thymian, Cayennepfeffer und Salz nochmals abschmecken.
6. Feta mit einer Gabel zerbröseln, über die Rotkohl-Linsen-Pfanne streuen und in geschlossener Pfanne 1-2 Minuten bei niedriger Hitze schmelzen lassen. In einer zweiten Pfanne 1 EL Öl erhitzen und Ciabattascheiben darin von beiden Seiten goldbraun rösten. In der Zwischenzeit den Knoblauch schälen und geröstete Brotscheiben damit einreiben. Rotkohl-Linsen-Pfanne auf 4 Teller verteilen und mit Thymian garnieren und mit je 2 Scheiben Ciabatta servieren.

Grüner Spargel mit Kartoffeln

Dauer: 45 Minuten
Pro Portion: ca. 274 kcal, 8g Fett, 8 g EW, 37 g KH

Zutaten für 4 Portionen:
850 g kleine Kartoffeln
Prise Salz
8 EL Olivenöl
1 kg grüner Spargel
2 Schlotten
2 EL kleine eingelegte Kapern
2 EL Kapernsud aus dem Glas
3 EL Rotweinessig
1-2 TL milder Honig
2 TL Dijonsenf
1 Kästchen Gartenkresse

Zubereitung:

1. Den Backofen auf 220 Grad Ober/Unterhitze oder 200 Grad Umluft vorheizen. Kartoffeln waschen, trocken tupfen, längs halbieren und auf einem Backplech verteilen.
2. Mit Pfeffer und Salz würzen und mit 4 EL Olivenöl beträufeln. Im vorgeheizten Ofen etwa 20 bis 25 Minuten backen, dabei einmal wenden.
3. Zwischenzeitlich den Spargel waschen, die holzigen Enden abschneiden und je nach Backzeit zu den Kartoffeln aufs Backblech dazugeben.
4. Spargel und Kartoffeln zusammen für weitere 10 Minuten garen, bis die Kartoffeln knusprig-goldbraun und die Spargelstücke gar und leicht gebräunt sind. In der Zwischenzeit die Schlotten schälen und in kleine Würfel schneiden. Kapern, Kapernsud, Honig, Senf, Essig, restliches Olivenöl, Pfeffer und Salz zu einer Vinaigrette verrühren. Das Backblech aus dem Ofen nehmen und die Vinaigrette über das Gemüse träufeln. Danach die Kresse vom Beet schneiden und darüberstreuen.

Gemüsepfannkuchen mit Spinatsalat

Dauer: ca. 45 Minuten
Pro Portion: ca. 690 kcal, 2890 kJ, 25 g EW, 69 g KH, 34 Fett

Zutaten für 4 Portionen:
160 g rote Zwiebeln
3 Eier
500 g griechischer Joghurt (10% Fett)
250 g TK-Erbsen
300 g Dinkelmehl Type 630
1 Kästchen Kresse
200 g Babyspinat oder Feldsalat
4 EL dunkler Balsamico- Essig
Prise Salz und schwarzer Pfeffer
4 EL Bratöl
3 EL Olivenöl

Zubereitung:

1. Zwiebeln schälen und in kleine Würfel schneiden. Die Hälfte der Zwiebeln für die Pfannenkuchen beiseite stellen, die andere Hälfte für den Salat mit Essig vermengen und ziehen lassen. Für den Teig Eier mit 100 g Joghurt und 5 EL Wasser glatt rühren. Erbsen und zur Seite gestellte Zwiebeln untermengen. Mehl, 1 TL Salz und weitere 100-125 ml Wasser dazugeben und alles gut vermischen. Mit Pfeffer würzen.
2. Den Backofen auf 100 Grad vorheizen. Bratöl portionsweise in einer Pfanne erhitzen und nach und nach insgesamt 16 Pfannenkuchen á Ø 9 cm von jeder Seite ca. 3 Minuten bei mittlere Hitze knusprig backen und im Backofen warm halten.
3. In der Zwischenzeit den restlichen 400 g Joghurt mit Salz und Pfeffer würzen. 1 El Olivenöl unterrühren. Kresse knapp über dem Boden abschneiden und unterheben. Spinat waschen und trocken schütteln. Restliche 2 EL Olivenöl zu Balsamico-Zwiebeln geben und mit Pfeffer und Salz würzen. Zwiebeldressing mit Spinat vermischen. Je 4 Pfannenkuchen auf 4 Teller geben und mit Joghurt und Salat servieren.

Curry-Gemüse mit Basmatireis

Dauer: ca. 40 Minuten
Pro Portion: ca. 514 kcal, 2150 kJ, 14 g EW, 86 g KH, 11 g Fett

Zutaten für 4 Portionen:
400 g festkochende Kartoffeln
300 g Möhren
1 Dose Kokosmilch á 400 g
150 g Blattspinat
300 g Basmatireis
200 g Naturjohurt
3 EL Bratöl
3 TL gemahlener Kreuzkümmel
3 TL gemahlener Kurkuma
Chiliflocken zum Garnieren
½ TL Zimt
Prise Salz und schwarzer Pfeffer

Zubereitung:

1. Kartoffeln schälen und in ca. 1,5 cm große Würfeln schneiden. Möhren schälen und in ca. 0,5 cm dicke Scheiben schneiden. Öl in einem Topf erhitzen und Möhren und Kartoffeln darin unter Rühren ca. 3 Minuten bei mittlere Hitze anbraten. Kurkuma, Kreuzkümmel und Chili dazugeben und für 30 Sekunden mit anbraten. Mit Tomaten und Kokosmilch ablöschen und im geschlossenen Topf ca. 25 Minuten bei mittlere Hitze köcheln lassen.
2. In der Zwischenzeit Spinat waschen und trocken schütteln. Reis nach Packungsanleitung garen. Spinat zum Curry geben und unter Rühren zusammenfallen lassen. Curry mit Salz, Pfeffer und Zimt abschmecken. Curry und Reis auf 4 Schalen verteilen und mit 1 Klecks Joghurt garnieren und servieren.

Wirsing-Kartoffel-Omelett

Dauer: ca. 1 Stunde und 10 Minuten
Pro Portion: ca. 351 kcal, 1470 kJ, 18 g EW, 24 g KH, 20 g Fett

Zutaten für 4 Portionen:
600 g festkochende Kartoffeln
75 g Bergkäse am Stück
100 ml Milch
4 Eier
400 Wirsing
80 g Zwiebeln
50 g getrocknete Tomaten in Öl
Prise Salz
1 TL getrockneter Oregano
Prise schwarzer Pfeffer
3 EL Bratöl

Zubereitung:

1. Kartoffeln waschen und für 20-30 Minuten in Salzwasser bei mittlere Hitze garen. Den Käse fein reiben. Mit Milch, Eiern, Oregano, 1 TL Pfeffer und Salz in einer Schüssel mit dem Schneebesen verquirlen.
2. Den Wirsing waschen, vierteln und in feine Scheiben schneiden. Zwiebeln schälen und klein würfeln. Tomaten abtropfen lassen und in dünne Streifen schneiden. Öl in einer ofenfesten Pfanne erhitzen und den Wirsing darin ca. 7 Minuten bei mittlere Hitze anbraten, bis er zusammenfällt. Backofen auf 180 Grad vorheizen. Tomaten und Zwiebeln zum Wirsing geben, ca. 2 Minuten mit anbraten und vom Herd nehmen.
3. Kartoffeln abgießen, etwas abkühlen lassen, pellen, in ca. 0,5 cm dicke Scheiben schneiden und unter das Wirsinggemüse mischen. Mit Pfeffer und Salz würzen.
4. Eier-Milch-Mischung über das Gemüse gießen und das Omelett in der Pfanne im Backofen ca. 25 Minuten backen, bis die Eier gestockt sind. Das Omelett vierteln und auf 4 Tellern geben und servieren.

Spinattarte mit Süßkartoffeln

Dauer: ca. 1 Stunde 40 Minuten
Pro Stück ca. 332 kcal, 1390 kJ, 9 g EW, 29 g KH, 20 g Fett

Zutaten für 12 Stücke
125 g Butter
250 g Dinkelmehl Type 630
Prise Salz

Für den Belag:
650 g Süßkartoffeln
450 g Blattspinat
50 g getrocknete Tomaten in Öl
50 g Zwiebeln
2 Knoblauchzehen
1 EL Bratöl
Prise schwarzer Pfeffer

Für den Guss:
200 g Sahne
3 Eier
1 TL Currypulver
¼ TL Muskat
100 g kräftiger Bergkäse am Stück

Außerdem:
1 Tarte- oder Springform á Ø 26 cm
Fett für die Form
Etwas glatte Petersilie zum Garnieren

Zubereitung:

1. Für den Teig Butter in kleine Würfel schneiden und mit Mehl, ½ TL Salz und 3-4 EL kaltem Wasser mit den Händen zu einem gleichmäßigen teig verkneten. Form einfetten und den Teig mit den Händen in die Form drücken, dabei einen ca. 2 cm hohen Rand formen. Für ca. 30 Minuten kühl stellen.
2. In der Zwischenzeit für den Belag die Süßkartoffeln schälen und ca. 1 cm groß würfeln. Spinat waschen und abtropfen lassen. Tomaten ebenfalls abtropfen lassen und quer in ca. 0,5 cm breite Streifen schneiden. Knoblauch und Zwiebeln schälen und in kleine Würfel schneiden.
3. Den Backofen auf 180 Grad vorheizen. Öl in einen großen Topf erhitzen und die Zwiebeln und den Knoblauch darin für ca. 2 Minuten bei mittlere Hitze anschwitzen. Spinat nach und nach dazugeben und unter Rühren zusammenfallen lassen. Spinat in ein Sieb abgießen und den leicht ausdrücken.
4. Zurück in den Topf geben, getrocknete Tomaten und Süßkartoffelnwürfel unterrühren. Mit Pfeffer und Salz abschmecken.
5. Für den Guss Sahne mit Eiern verquirlen und mit 1 gestrichenen TL Salz, Pfeffer, Muskat und Currypulver würzen. Den Käse fein reiben und ebenfalls untermengen. Spinat-Süßkartoffeln-Masse auf den Teigboden gleichmäßig verteilen. Tarte ca. 50-60 Minuten backen. Danach vorm Anschneiden ca. 5 Minuten ruhen lassen. Mit Petersilie garnieren und servieren.

Kräutersuppe

Dauer: ca. 25 Minuten
Pro Portion: ca. 147 kcal, 617 kJ, 2 g EW, 6 g KH, 11 g Fett

Zutaten für 8 Portionen:
100 g Zwiebeln
1 Bio-Zitrone
150 g gemischte Kräuter (Dill, Schnittlauch, Petersilie)
30 g Butter
3 gehäufte EL Dinkelmehl Type 630
150 ml trockener Weißwein
1 Liter Gemüsebrühe
200 g Sahne
Prise Salz und schwarzer Pfeffer
Etwas Muskat und Cayennepfeffer
Kräuter zum Garnieren

Zubereitung:

1. Zwiebeln schälen und fein würfeln. Zitrone heiß abwaschen, trocken reiben, ein 5 cm langes und ca. 2 cm breites Stück Schale abschälen und 1-2 TL Saft auspressen. Kräuter abbrausen, trocken schütteln, Blättchen bzw. Spitzen abzupfen und fein hacken bzw. Schnittlauch in Röllchen schneiden.
2. Butter in ein Topf zerlassen und Zwiebeln darin ca. 2 Minuten bei mittlere Hitze anschwitzen. Mit Mehl bestäuben und unter Rühren anschwitzen, bis die Zwiebel-Mehl-Mischung leicht gebräunt ist. Mit Wein ablöschen, dabei mit dem Schneebesen rühren, nach und nach Brühe angießen und weiterrühren.
3. Suppe aufkochen, Zitronenschale dazugeben und im offenen Topf 3 Minuten bei niedriger Hitze köcheln lassen.
4. Zitronenschale entfernen. Sahne dazugeben und nochmals aufkochen lassen. Kräuter zur Suppe geben und mit Salz, Pfeffer, Cayennepfeffer, Muskat und Zitronensaft würzen. Nach Belieben mit Kräutern garnieren und servieren.

Lauch-Hirse-Bratlinge mit Quark

Dauer: ca. 1 Stunde 15 Minuten
Pro Portion: ca. 579 kcal, 2420 kJ, 29 EW, 61 g KH, 24 g Fett

Zutaten für 4 Portionen:
80 g Zwiebeln
2 Knoblauchzehen
200 g Lauch
5 EL Bratöl
250 g Hirse
600 ml Gemüsebrühe
2 TL Currypulver
Prise Salz und schwarzer Pfeffer
50 g Dinkelvollkornmehl
1 Ei

Für den Quark:
500 g Magerquark
75 g Sahne
1 Bio-Zitrone
60 g Bärlauch

Zubereitung:

1. Für die Bratlinge Zwiebeln und Knoblauch schälen und in kleine Stücke schneiden. Lauch waschen, längs halbieren und in dünne Halbringe schneiden. 1 EL Öl in einen Topf erhitzen und die Zwiebel und Knoblauch darin ca. 2 Minuten bei mittlere Hitze anschwitzen.
2. Brühe und Hirse dazugeben und kurz aufkochen lassen. Lauch unterrühren und im geschlossenen Topf ca. 20 Minuten bei niedriger Hitze köcheln lassen, bis die Hirse gar und die Brühe aufgebraucht ist. Mit Currypulver, Pfeffer und Salz abschmecken. Mehl untermengen und auf die ausgeschaltete Herdplatte 5 Minuten nachquellen lassen. Vom Herd nehmen und nochmals 10-15 Minuten abkühlen lassen.
3. In der Zwischenzeit Sahne und Quark in einer Schüssel glatt rühren. Zitrone heiß abwaschen, trocken reiben, 2 TL Schale fein abreiben und 1 TL Saft auspressen. Schalenabrieb und Saft unter die Quark-Sahne-Mischung rühren und mit Pfeffer und Salz abschmecken.
4. Bärlauch kalt waschen, trocken schütteln, Stiel entfernen. Die Blätter fein hacken und ebenfalls unterrühren.
5. Zu den Bratlingen: Ei unter die Hirse-Lauch-Masse rühren. Backofen auf 100 Grad vorheizen. Das restliche Öl (4 EL) in einer Pfanne erhitzen. Aus der Hälfte der Hirsemasse mit feuchten Händen nach und nach 12 flache Bratlinge á Ø 8 cm formen und je 5 Minuten von jeder Seite bei mittlere Hitze knusprig goldbraun braten.
6. Fertige Bratlinge im Backofen warm halten. Bratlinge auf 4 Tellern geben und mit dem Quark servieren.

Gemüse-Hirse-Pizza

Dauer: ca. 1 Stunde 20 Minuten
Pro Portion: ca. 668 kcal, 2800 kJ, 32 g EW, 83 g KH, 23 g Fett

Zutaten für 4 Portionen:
300 g Hirse
1 EL Gemüsebrühepulver
Prise Salz und schwarzer Pfeffer
300 g Möhren
450 g Kohlrabi
200 g Gouda am Stück
1 Dose Mais á 140 g
3 Eier
2 EL Sesam

Zubereitung:

1. Hirse heiß abbrausen, abtropfen lassen und nach Packungsanleitung mit Brühepulver und ½ TL Salz garen.
2. Möhren und Kohlrabi schälen, fein reiben und in eine große Schüssel geben. Gouda ebenfalls fein reiben. Mais in abtropfen lassen. Backofen 200 Grad vorheizen.
3. Hirse abgießen, zum Gemüse geben und alles vermischen. Sesam und Eier und die Masse rühren und mit Salz und Pfeffer abschmecken. Die Masse auf ein mit Backpapier belegtes Backblech geben und gleichmäßig verstreichen. Käse darüber verteilen und ca. 30 Minuten backen. Anschließend in 8 oder 16 Stücke schneiden und servieren.

Indonesischer Gemüseeintopf

Dauer: ca. 40 Minuten
Pro Portion: ca. 363 kcal, 1523 kJ, 20 g EW, 22 g KH, 20 g Fett

Zutaten für 2 Portionen:
1 gelbe Paprikaschote
200 g Möhren
200 g Broccoli
1 Zwiebel
20 g frischer Ingwer
1 El Öl
30 g Laksa-Gewürzpaste
150 ml fettarme Kokosmilch
20 g Mie-Nudeln
1 Bio-Limette
Prise Salz und Pfeffer
6 EL grob gehacktes Koriandergrün

Zubereitung:

1. Paprika waschen und in Streifen schneiden. Möhren längs halbieren und in Scheiben schneiden. Broccoli waschen und in Röschen teilen. Zwiebel fein würfeln. Ingwer schälen und fein hacken. Öl in einer beschichteten Pfanne erhitzen. Zwiebeln, Gemüse und Ingwer darin untermischen und für 2 Minuten anbraten.
2. Laksa-Paste untermischen und kurz weiterbraten. Kokosmilch und 200 ml Wasser dazu gießen, aufkochen und zugedeckt bei mittlere Hitze 5 Minuten garen.
3. Nudeln mit kochendem Wasser übergieße, 5 Minuten ziehen lassen, dann abgießen, zur Gemüsemischung geben. ½ Limette auspressen, Gemüse mit Limettensaft, Salz und Pfeffer abschmecken, mit Koriander garnieren und die übrige Limette in Spalten schneiden und anrichten.

Gefüllte-Pita

Dauer: ca. 45 Minuten
Pro Portion: ca. 382 kcal, 1598 kJ, 15 g EW, 48 g KH, 13 g Fett

Zutaten für 2 Portionen:
400 g Rote Bete
2 Schlotten
2 EL Olivenöl
Prise Salz und Pfeffer
½ TL Chiliflocken
3 EL Orangensaft
100 g Römersalatherzen
2 Pita-Brottaschen
100 g körnigen Frischkäse

Zubereitung:

1. Den Ofen mit einem Blech auf der mittleren Schiene auf 200 Grad (Umluft 180 Grad) vorheizen. Rote Bete schälen und in Spalten schneiden. Schlotten in Spalten schneiden. Alles mit 1 EL Olivenöl, etwas Salz, Chiliflocken und 2 EL Orangensaft vermengen. Ein Backpapier auf das Blech auslegen. Rote-Bete-Mischung darauf gut verteilen. Im heißen Ofen 30 bis 35 Minuten garen.
2. Römersalatherzen waschen, längs halbieren und in Streifen schneiden. Mit 1 EL Orangensaft, 1 EL Öl, etwas Salz und Pfeffer mischen. 2 Pita-Brottaschen nach Packungsanleitung toasten. Den Frischkäse glatt rühren. Die Pita-Taschen öffnen und mit Salat, Rote-Bete-Mischung und Frischkäse füllen und servieren.

Nudel-Omelett

Dauer: ca. 1 Stunde 10 Minuten
Pro Portion: ca. 398 kcal, 1668 kJ, 16 g EW, 26 g KH, 24 g Fett

Zutaten für 4-6 Portionen
200 g Hörnchennudeln
Prise Salz
150 g Baby-Blattspinat
1 Zwiebel
150 g Kirschtomaten
6 Eier
50 ml Schlagsahne
Etwas Cayennepfeffer
Frisch geriebene Muskatnuss
150 g Feta
6 EL Öl

Zubereitung:

1. Nudeln in Salzwasser nach Packungsanleitung garen. Abgießen, abschrecken und abtropfen lassen.
2. Spinat verlesen, waschen und trocken schleudern. Zwiebel in kleine Würfel schneiden, Tomaten halbieren. Eier mit Sahne verquirlen und mit Cayennepfeffer, Salz und Muskat würzen. Feta grob zerbröseln.
3. Den Ofen auf 180 Grad (Umluft 160 Grad) vorheizen. 2 EL Öl in einer Pfanne erhitzen. Zwiebeln darin glasig dünsten. Spinat dazugeben und leicht zusammenfallen lassen. Auf einen Teller geben. Pfanne auswischen.
4. 4 EL Öl in einer Pfanne erhitzen. Nudeln dazugeben und für 2 Minuten erhitzen. Tomaten, Spinat und Feta untermengen und alles gleichmäßig in der Pfanne verteilen. Eiersahne darüber gießen. Bei mittlere Hitze 1 Minuten erhitzen. Im heißen Ofen auf einem Rost auf mittleren Schiene 30-35 Minuten stocken lassen.
5. In der Pfanne lauwarm abkühlen lassen, dann aus der Pfanne gleiten lassen und in Rechtecke schneiden.

Pilz-Zucchini-Gemüse

Dauer: ca. 40 Minuten
Pro Portion: ca. 140 kcal, 588 kJ, 4 g EW, 4 g KH, 10 g Fett

Zutaten für 2 Portionen:
1 rote Zwiebel
1 Knoblauchzehe
200 g Zucchini
150 g Champignons
2 EL Öl
Prise Salz und Pfeffer
½ TL Paprikapulver
50 ml Weißwein
50 ml Gemüsebrühe
2 Stiele Basilikum

Zubereitung:

1. Zwiebel schälen, halbieren und in dünne Streifen schneiden. Knoblauchzehe fein würfeln. Zucchini waschen, längs halbieren und in dünne Scheiben schneiden. Champignons waschen und in dünne Scheiben schneiden.
2. Öl in einer Pfanne erhitzen, Zwiebeln und Knoblauch darin 3-4 Minuten anbraten. Champignons und Zucchini dazugeben und kurz mit anbraten. Mit Pfeffer, Salz und Paprikapulver würzen. Mit Weißwein und Gemüsebrühe ablöschen und für 2-3 Minuten köcheln lassen.
3. Blättchen von 2 Stielen Basilikum abzupfen. Gemüse mit Basilikumblättchen garnieren und sofort servieren.

Pasta mit Kräuterseitlingen

Dauer: ca. 40 Minuten
Pro Portion: ca. 692 kcal, 2900 kJ, 21 g EW, 75 g KH, 33 g Fett

Zutaten für 4 Portionen:
50 g Bärlauch
75 ml Olivenöl
Prise Salz und schwarzer Pfeffer
1 rote Chilischote
150 g rote Zwiebeln
2 Knoblauchzehen
450 g Kräuterseitlinge
1 Bio-Zitrone
60 g Mandelkerne
400 g Linguine (Bandnudeln)
2 EL Bratöl
80 ml trockener Weißwein

Zubereitung:

1. Bärlauch kalt abwaschen, trocken schütteln, Stiel entfernen, die Blätter in grobe Stücke teilen. Mit Olivenöl in den Mixbehälter geben und fein pürieren. Mit etwas Salz abschmecken, zur Seite stellen und durchziehen lassen.
2. Chili waschen, längs halbieren, entkernen und quer in dünne Streifen schneiden. Knoblauch und Zwiebeln schälen. Zwiebeln halbieren und in dünne Halbringe schneiden. Knoblauch in kleine Würfel schneiden.
3. Pilze putzen, säubern und längs in ca. 0,5 cm dicke Scheiben schneiden. Zitrone heiß abwaschen, trocken reiben, 2 TL Schale fein reiben, 1 EL Saft auspressen und in eine Schüssel geben. Die Mandeln mittelgrob hacken und in eine kleine Pfanne ohne Fett rösten, bis sie leicht duften. Danach die Mandeln vom Herd nehmen und mit Schale und Saft vermischen. Mit Salz und Pfeffer abschmecken.

4. Die Linguine nach Packungsanleitung in Salzwasser garen. Das Bratöl in einer Pfanne erhitzen und Chili, Zwiebeln und Knoblauch darin ca. 1 Minute bei mittlere Hitze anschwitzen. Pilze dazugeben und ca. 5 Minuten bei hoher Hitze braun anbraten. Mit Wein ablöschen, etwas einkochen lassen und mit Pfeffer und Salz abschmecken.
5. Nudeln abgießen, dabei 150 ml Kochwasser vermischen, bis eine sämige Konsistenz entsteht. Mit Salz und Pfeffer würzen. Auf 4 Teller verteilen. Bärlauch über die Pasta geben und mit gerösteten Mandeln servieren.

Quinoa-Bärlauch mit Süßkartoffeln

Dauer: ca. 35 Minuten
Pro Portion: ca. 589 kcal, 2470 kJ, 12 g EW, 64 g KH, 32 g Fett

Zutaten für 4 Portionen:
200 g Quinoa
Prise Salz und schwarzer Pfeffer
400 g Süßkartoffeln
2 EL Bratöl
Je ½ TL Chiliflocken, gemahlener Kreuzkümmel und Kurkuma
300 g Tomaten
80 g Bärlauch
50 g Haselnusskerne
4 EL Olivenöl
4 EL Weißweinessig
1 Avocado (ca. 200 g)

Zubereitung:

1. Quinoa im Sieb heiß abbrausen und abtropfen lassen. 400 ml Wasser aufkochen etwas Salz dazugeben. Und nach Packungsanleitung garen. Abgießen und abkühlen lassen.
2. In der Zwischenzeit Süßkartoffeln schälen und in mundgerechte Würfel schneiden. Bratöl in einer Pfanne erhitzen und die Süßkartoffelwürfel darin unter gelegentlichem Rühren ca. 10 Minuten bei mittlere Hitze anbraten.
3. Mit ½ TL Chiliflocken, ½ TL Kreuzkümmel, ½ TL Kurkuma, Pfeffer und Salz würzen. Tomaten waschen, vierteln und würfeln. Bärlauch kalt abwaschen, trocken schütteln, 1/3 der Blätter zur Seite legen, restliche 2/3 fein hacken.
4. Die Nüsse grob hacken und in einer Pfanne ohne Fett bei mittlere Hitze rösten, bis sie leicht duften. Mit Pfeffer und Salz würzen.
5. Für das Dressing Essig und Olivenöl vermischen. Mit je 1 TL Salz, Pfeffer, Chiliflocken, Kreuzkümmel und Kurkuma würzen.
6. Avocado halbieren, entkernen, schälen und Hälften jeweils längs in dünne Spalten schneiden.
7. Die Hälfte des Dressings und den fein gehackten Bärlauch unter das Quinoa mischen und pikant mit Pfeffer und Salz abschmecken. Quinoa, Süßkartoffeln, Tomaten und Avocado jeweils nebeneinander z.B. in 4 Schalen anrichten. Die restliche Hälfte des Dressings über die Tomaten und Avocadospalten träufeln. Zur Seite gelegten Bärlauch in dünne Streifen schneiden und mittig oben drauf geben. Haselnüsse darüberstreuen und servieren.

Maisbratlinge mit Erdnussdip

Dauer: ca. 45 Minuten
Pro Portion: ca. 504 kcal, 2110 kJ, 19 g EW, 33 g KH, 33 g Fett

Zutaten für 4 Portionen:
2 Gläser Mais á 240 g Abtropfgewicht
80 g Schlotten
3 Knoblauchzehen
100 g Staudensellerie
2 große rote Chilischoten
3 Eier
100 g Weizenmehl Type 550
Prise Salz
6 EL Bratöl

Für den Dip:
120 g Erdnussmus
2 EL milde Sojasauce z.B. Shoyu
3 EL Limettensaft
1 haselnussgroßes Stück Ingwer
Prise Rohrohrzucker
2 Prisen Chilipulver
Etwas Koriander zum Garnieren

Zubereitung:

1. Für die Bratlinge Mais durch ein Sieb abtropfen lassen und in eine Schüssel geben. Schalotten und Knoblauch in kleine Würfel schneiden. Sellerie putzen, waschen und ebenfalls in kleine Würfel schneiden. Alles zum Mais geben und vermischen. Eier untermischen. Mehl und ¾ TL Salz ebenfalls dazugeben, sodass eine leichte klebrige Masse entsteht.
2. Den Backofen auf 100 Grad vorheizen. Öl in einer Pfanne erhitzen. Nach und nach aus je ca. 1 ½ leicht gehäuften EL Maismischung 12 Bratlinge á ca. Ø 10 cm jeder Seite ca. 3 Minuten bei mittlere Hitze ausbacken. Auf Küchenpapier abtropfen lassen und im Ofen warm halten, bis alle Bratlinge fertig sind.

3. Für den Dip Erdnussmus mit Sojasauce, Limettensaft und ca. 10 EL Wasser glatt rühren. Den Ingwer schälen, fein reiben und dazu geben. Mit Salz, Zucker und Chilipulver pikant abschmecken. Je 3 Bratlinge mit Dip auf 4 Tellern verteilen und mit Koriander garnieren und servieren.

Reis mit Tempeh und Tomaten

Dauer. 50 Minuten
Pro Portion: ca. 750 kcal, 3140 kJ, 26 g EW, 88 g KH, 32 g Fett

Zutaten für 4 Portionen:
400 g Süßkartoffeln120 g Schalotten
6 EL Bratöl
200 g grüne TK- Bohnen
250 g Jasminreis
200 g Tempeh oder Tofu
3 EL milde Sojasauce z.B. Shoyu
1 Salatgurke (ca. 300 g)
1 Bund Koriander (ca. 20 g)
80 g geröstete und gesalzene Erdnüsse

Für das Sambal:
300 g Tomaten
120 g rote Paprika
80 g Schalotten
4 Knoblauchzehen
1 walnussgroßes Stück Ingwer
1 TL Salz
1 TL Palmzucker
Etwas Chilipulver
1 EL Kokosöl

Zubereitung:

1. Für das Sambal Tomaten waschen, halbieren und würfeln. Paprika waschen, halbieren, entkernen und ebenfalls würfeln. Schalotten, Knoblauch und Ingwer schälen und grob würfeln. Alles in Mixbehälter fein pürieren. Mit Salz, Zucker und Chilipulver abschmecken, sodass das Sambal die gewünschte Schärfe hat. Kokosöl on kleinem Topf erhitzen und Sambal unter gelegentlichem Rühren ca. 30 Minuten bei mittlere Hitze köcheln lassen, bis es eine pastenartige Konsistenz hat. Anschließend abkühlen lassen.
2. In der Zwischenzeit den Backofen auf 100 Grad vorheizen. Süßkartoffeln schälen und ca. 1cm groß würfeln. Schalotten schälen, halbieren und quer in feine Halbringe schneiden. 2 EL Bratöl in einer Pfanne erhitzen und Schalotten darin ca. 2 Minuten bei mittlere Hitze anschwitzen. Süßkartoffeln und Bohnen dazugeben und unter gelegentlichen Rühren ca. 5 Minuten anbraten. Ca. 100 ml Wasser dazugeben und in offener Pfanne ca. 10 Minuten köcheln lassen, bis das Wasser verdampft und das Gemüse gar ist, ggf. noch etwas Wasser dazu gießen. Mit Salz abschmecken und im Ofen warm halten.
3. Den Reis nach Packungsanleitung in Salzwasser gar kochen. Tempeh in ca. 1 cm dicke Scheiben, diese je nach Form ggf. halbieren. Übrige 4 EL Bratöl in einer Pfanne erhitzen und Tempeh darin von beiden Seiten ca. 7 Minuten braten. Mit Sojasauce ablöschen und unter Wenden einkochen lassen. Tempeh mit dem Gemüse im Ofen warm halten. Gurke waschen und in feine Scheibenhobeln. Koriander kalt abwaschen, trocken schütteln, Blätter abzupfen und grob hacken. Reis ggf. abgießen und mithilfe von kleinem Schälchen mittig auf 4 Tellern setzten. Um den Reis herum das Bohnen-Süßkartoffel-Gemüse, Tempeh, Gurke, Erdnüsse und Sambal anordnen. Mit Koriander garnieren und sofort servieren.

Ofenkartoffeln mit Spinat und Curry-Quark

Dauer: ca. 35 Minuten
Pro Portion: ca. 437 kcal, 1830 kJ, 26 g EW, 46 g KH, 15 g Fett

Zutaten für 4 Portionen:
450 g TK-Blattspinat
1,2 kg festkochende Kartoffeln
1 EL Sesam
1 TL Schwarzkümmel
4 EL Bratöl
Prise Salz und schwarzer Pfeffer
3 Knoblauchzehen
500 g Magerquark
1 EL Leinöl
1 EL Olivenöl
70 ml kohlensäurehaltiges Mineralwasser
120 g Möhren
50 g Schalotten
1 EL Currypulver
1 EL Weißweinessig
Etwas Backpapier

Zubereitung:

1. Spinat antauen lassen. Den Backofen auf 200 Grad vorheizen. Kartoffeln waschen, halbieren und längs in 1,5 cm dicke Spalten schneiden. Mit Sesam, Schwarzkümmel, 2 EL Bratöl, Pfeffer und Salz in eine große Schüssel geben, alles gut vermischen und gleichmäßig auf mit Backpapier belegtem Backplech verteilen. Ca. 25 Minuten im Ofen garen.
2. In der Zwischenzeit Knoblauch schälen und in dünne Scheiben schneiden. Das restliche Bratöl (2EL) im Topf erhitzen und darin den Knoblauch für 2 Minuten bei mittlere Hitze anschwitzen.
3. Den Spinat dazugeben und für 15 Minuten bei niedriger Hitze auftauen lassen und erwärmen. Mit Pfeffer und Salz würzen.

4. Quark mit Leinöl, Olivenöl und Mineralwasser glatt rühren. Möhren schälen, fein reiben und untermischen. Schalotten schälen und in kleine Würfel schneiden und ebenfalls untermischen. Mit Currypulver, Pfeffer, Salz und Essig pikant abschmecken. Kartoffelspalten mit Spinat und Möhrenquark auf Teller aufteilen und servieren.

Lauchcremesuppe mit Kapern

Dauer: ca. 35 Minuten
Pro Portion: ca. 469 kcal, 1960 kJ, 11 g EW, 45 g KH, 27 g Fett

Zutaten für 4 Portionen:
600 g Lauch
100 g Zwiebeln
2 EL Bratöl
300 g mehligkochende Kartoffeln
3 Knoblauchzehen
½ TL Fenchelsamen
2 Lorbeerblätter
800 ml Gemüsebrühe
200 g Sahne oder Sojasahne
2 Prisen Muskat

Für die Crostini:
Ca. 200 g Baguette
50 g Kapern
2 EL Olivenöl
1 Bio-Zitrone
2 Bund glatte Petersilie
Prise Salz und schwarzer Pfeffer

Zubereitung:

1. Den Lauch waschen, längs halbieren und ca. 1 cm dicke Halbringe schneiden. Zwiebeln schälen und würfeln. Bratöl in einen Topf erhitzen und Lauch und Zwiebeln darin für ca. 5 Minuten bei mittlere Hitze anschwitzen. Den Backofen auf 200 Grad vorheizen.
2. Kartoffeln schälen und in mundgerechte Stücke schneiden. Knoblauch schälen und würfeln. Fenchelsamen im Mörser zerstoßen. Kartoffeln, Knoblauch, Fenchelsamen und Lorbeerblätter zum Lauchgemüse geben, Brühe angießen und alles im geschlossenen Topf ca. 15 Minuten garen.
3. Für die Crostini leicht schräg in ca. 2 cm dicke Scheiben schneiden. Auf Backblech verteilen und 10 Minuten im Ofen rösten. In der Zwischenzeit Kapern in ein Sieb geben, kalt abwaschen, abtropfen lassen, fein hacken und mit Olivenöl mischen.
4. Zitrone heiß abwaschen, trocken reiben, ½ TL Schale fein abreiben und zu den Kapern geben, 3 EL Saft auspressen und erstmal zur Seite stellen.
5. Petersilie kalt abwaschen, trocken schütteln, Blätter abzupfen, fein hacken und ebenfalls zu den Kapern geben. Mischung mit Pfeffer und Salz abschmecken.
6. Die Lorbeerblätter aus der Suppe entfernen. Sahne und 2-3 EL Zitronensaft untermischen und die Suppe cremig pürieren. Mit Salz, Pfeffer und Muskat würzen. Kapernmischung auf den gerösteten Broten verteilen. Die Suppe auf Tellern aufteilen und mit Crostini servieren.

Falafeln in Ingwer-Kokos-Sauce

Dauer: ca. 35 Minuten
Pro Portion: ca. 646 kcal, 2710 kJ, 23 g EW, 100 g KH, 16 g Fett

Zutaten für 4 Portionen:
2 Gläser Kichererbsen á 240 g Abtropfgewicht
Je ½ Bund glatte Petersilie und Minze (á ca. 10 g)
2 Knoblauchzehen
60 g Weizenmehl Type 550
Prise Salz
1 TL gemahlener Kreuzkümmel
Etwas Chilipulver
100 ml Bratöl

Für die Sauce:
1 walnussgroßes Stück Ingwer
80 g Schalotten
1 EL Bratöl
1 Dose stückige Tomaten á 400 g
1 Dose Kokosmilch á 200 ml
2 EL Zitronensaft
Prise Rohrohrzucker

Außerdem :
Küchenpapier
1 Fladenbrot (ca. 500 g)

Zubereitung:

1. Für die Falafeln Kichererbsen in ein Sieb abgießen und abtropfen lassen. Kräuter waschen, trocken schütteln, Blätter abzupfen und grob hacken. Knoblauch schälen und ebenfalls grob hacken. Kichererbsen mit Kräutern und Knoblauch in breiten Mixbehälter geben und alles fein pürieren.
2. Mehl untermischen, bis eine feste und gut formbare Masse entsteht, ggf. noch etwas Mehl dazugeben. Mit Salz, Kreuzkümmel und Chilipulver abschmecken.

3. Mit feuchten Händen 20 Bällchen formen. Öl in einer Pfanne erhitzen und Falafeln darin unter gelegentlichem Wenden ca. 12 Minuten bei mittlere Hitze rundherum knusprig anbraten. Falafel auf Küchenpapier abtropfen lassen.
4. Für die Sauce den Ingwer schälen und fein würfeln. Schalotten schälen und grob würfeln. Öl in ein Topf erhitzen und Ingwer und Schalotten darin 2 Minuten bei mittlere Hitze anschwitzen. Tomaten und Kokosmilch dazugeben und ca. 5 Minuten köcheln lassen. Fein pürieren und mit Salz, Zitronensaft, Chilipulver und Zucker abschmecken. Tomaten-Kokos-Sauce auf Tellern aufteilen, je 5 Falafelbällchen daraufsetzen, mit Fladenbrot servieren.

Pasta mit Scamorza und Sauerkraut

Dauer: ca. 30 Minuten
Pro Portion: ca. 516 kcal, 2160 kJ, 25 g EW, 58 g KH, 19 g Fett

Zutaten für 4 Portionen:
300 g Vollkorn-Spirelli
Prise Salz
800 g Sauerkraut
80 g getrocknete Soft-Tomaten
100 g Zwiebeln
10 Wacholderbeeren
1 Bund glatte Petersilie (ca. 20 g)
1 EL Butter
2 Knoblauchzehen
100 g Sahne
150 g Scamorza
Prise schwarzer Pfeffer

Zubereitung:

1. Nudeln nach Packungsanleitung in Salzwasser al dente garen. Inzwischen Sauerkraut in ein Sieb abtropfen lassen und ggf. grob hacken. Tomaten in breite Streifen schneiden. Zwiebeln schälen und fein würfeln.
2. Wacholder im Mörser grob zerstoßen. Petersilie abbrausen, trocken schütteln, Blätter abzupfen und fein hacken.
3. Butter in einer Pfanne zerlassen und Zwiebeln und Wacholder darin ca. 2 Minuten bei mittlere Hitze anschwitzen. Sauerkraut und Tomaten dazugeben und unter gelegentlichem Rühren ca. 3 Minuten bei mittlere Hitze garen. Knoblauch schälen und dazupressen. Sahne dazugeben und untermischen. Scamorza in kleine Würfel schneiden und unter Rühren in der Sauerkrautpfanne schmelzen lassen.
4. Sauerkraut mit Salz und Pfeffer abschmecken. Nudeln abgießen, tropfnass zum Sauerkraut geben und untermengen. Die Hälfte der Petersilie ebenfalls untermischen. Nochmals mit Salz und Pfeffer abschmecken. Pasta auf Teller aufteilen und mit restlicher Hälfte der Petersilie garnieren und servieren.

Rote-Bete-Auflauf mit Reis

Dauer: ca. 35 Minuten
Pro Portion: ca. 803 kcal, 3360 kJ, 16 g EW, 92 g KH, 41 g Fett

Zutaten für 4 Portionen:
300 g Jasminreis
1 EL Bratöl
1 Sternanis
1 Zimtstange
1 Lorbeerblatt
Je 1 Messerspitze gemahlene Nelken u. gemahlener Kardamom
Prise Salz
1 Bio-Zitrone
4 TL geröstetes Sesamöl

Für den Auflauf:
1 kg gegarte Rote Bete (vakuumiert)
1 gehäufter EL Speisestärke
1 Dose Kokosmilch á 400 ml
Prise schwarzer Pfeffer
70 g Cashewkerne
30 g Kokosraspeln
30 g Semmelbrösel
½ TL Chiliflocken
Etwas Koriander zum garnieren

Zutaten für 4 Portionen:

1. Backofen auf 200 Grad vorheizen. Für den Gewürzreis Reis in Sieb kalt abbrausen und abtropfen lassen. Öl in einem Topf erhitzen und Sternanis, Zimt, Lorbeerblatt, gemahlene Nelken und gemahlenen Kardamom darin ca. 1 Minute bei mittlere Hitze anbraten. Reis dazugeben und unter Rühren weitere 2 Minuten mit anbraten. 600 ml Wasser angießen, Rote Bete salzen und im Topf nach Packungsanleitung bei niedriger Hitze garen.
2. In der Zwischenzeit die Zitrone heiß abwaschen, trocken reiben, 1 TL Schale abreiben und ca. 2 EL Saft auspressen.
3. Für den Auflauf die Rote Bete abtropfen lassen, halbieren und längs in ca. 1,5 cm breite Streifen schneiden. Stärke mit 2-3 EL Kokosmilch glatt rühren, restliche Kokosmilch unterrühren und mit ½ TL Salz und Pfeffer abschmecken.
4. Mit Rote Bete in eine Auflaufform geben und vermischen. Cashewkerne grob hacken, mit Kokosraspeln, Semmelbrösel, ¼ TL Salz und Chili mischen und über den Auflauf streuen. Für 15 Minuten im Ofen garen, bis die Kokosraspelmischung gebräunt ist. Gewürze aus dem Reis entfernen, Schalenabrieb untermengen und den Reis mit Zitronensaft, Pfeffer und Salz abschmecken. Rote-Bete-Auflauf und Reis auf Teller verteilen, mit Sesamöl beträufeln und mit Koriander garnieren und servieren.

Spaghetti mit Blumenkohl

Dauer: ca. 50 Minuten
Pro Portion: ca. 740 kcal, 3100 kJ, 23 g EW, 84 g KH, 33 g Fett

Zutaten für 4 Portionen:
1 kg Blumenkohl
5 EL Bratöl
Prise Salz und schwarzer Pfeffer
70 g Zwiebeln
2 Knoblauchzehen
100 g Staudensellerie
100 g Möhren
1 Bund glatte Petersilie (ca. 20 g)
1 Bund Schnittlauch (ca. 20 g)
40 g Parmesan am Stück
4 EL Semmelbrösel
400 g Spaghetti
50 ml trockener Weißwein
300 ml Gemüsebrühe
200 g Sahne
1 Lorbeerblatt
1 Messerspitze Muskat
1 Kästchen Kresse
Etwas Backpapier

Zubereitung:

1. Ofen auf 220 Grad vorheizen. Blumenkohl waschen, Strunk entfernen, in Röschen zerteilen, diese dann mittelgrob hacken und auf mit Backpapier belegtes Backplech geben. Blumenkohl auf dem Blech mit 3 EL Öl vermengen und dabei mit Salz und Pfeffer abschmecken. Blumenkohl ca. 20 Minuten im Ofen rösten, bis er leicht gebräunt ist.
2. In der Zwischenzeit Zwiebeln und Knoblauch schälen und fein würfeln. Sellerie waschen, Möhren schälen und beides würfeln. Petersilie und Schnittlauch abbrausen, trocken schütteln, Schnittlauch abbrausen, trocken schütteln, Schnittlauch in Röllchen schneiden.
3. Von der Petersilie Blättchen abzupfen und fein hacken. Käse fein reiben. Semmelbrösel in einer Pfanne ohne Fett goldbraun rösten, aus der Pfanne nehmen und beiseite stellen.
4. Ca. 5 Minuten vor Ende der Backzeit des Blumenkohls Spaghetti nach Packungsanleitung in Salzwasser al dente garen. Restliche 2 EL Öl in einen Topf erhitzen und Zwiebeln und Knoblauch darin ca. 2 Minuten bei mittlere Hitze anschwitzen. Möhren und Sellerie dazugeben und 2 Minuten mit anschwitzen. Mit Wein ablöschen.
5. Blumenkohl dazugeben und kurz mitbraten. Sahne und Brühe angießen. Muskat und Lorbeerblatt dazugeben, Sauce aufkochen und im Topf 3 Minuten bei niedriger Hitze köcheln lassen. Bolognese mit Pfeffer und Salz würzen. Lorbeerblatt entfernen und Kräuter untermischen. Kresse abschneiden und die Hälfte untermischen. Nudeln abgießen und mit der Sauce auf Teller verteilen. Mit Semmelbrösel, Käse und der restlichen Hälfte der Kresse bestreuen und sofort garnieren.

Flammkuchen-Kürbisstreifen

Dauer: 45 Minuten
Pro Portion: ca. 551 kcal, 2310 kJ, 28 g EW, 57 g KH, 28 g Fett

Zutaten für 4 Portionen:
½ Hokkaido-Kürbis
1 Bund Petersilie
250 g Schmand
Prise Salz und Pfeffer
1 Packung Pizza-Teig
4 TL Olivenöl
Etwas grobes Meersalz
Etwas Petersilie für die Garnitur

Zubereitung:

1. Den Kürbis längs halbieren, putzen und entkernen. Das Kürbisfleisch mit Schale in dünne Scheiben schneiden. Blätter von 1 Bund Petersilie klein hacken. Schmand mit Salz und Pfeffer würzen, glatt rühren.
2. Ein Backblech im Ofen bei 250 Grad vorheizen (Umluft). Den Pizza Teig entrollen. Mithilfe eines Schälchens ca. Ø 13 cm 6 runde Teigscheiben ausschneiden. Restlichen teig zu 2 Kugeln verkneten und flach drücken. Die 8 Teigstücke nacheinander auf einer bemehlten Arbeitsfläche zu dünnen Fladen ausrollen und auf 2 Stück Backpapier (40 x 30 cm) geben.
3. Teigfladen mit Schmand bestreichen und mit den Kürbisscheiben belegen. Nacheinander je 1 belegtes Backpapier vorsichtig auf das heiße Blech ziehen und im heißen Ofen im unteren Ofendrittel 8-10 Minuten hellbraun backen. Alle Flammkuchen mit Olivenöl beträufeln und mit etwas Meersalz und Petersilie bestreuen und servieren.

Quiche mit Lauch

Dauer: 40 Minuten
Pro Portion: ca. 168 kcal, 706 kJ, 4 g EW, 11 g KH, 11 g Fett

Zutaten für 12 Stücke
150 g Mehl
100 g Butter, in kleine Stücke geschnitten
Prise Salz und Pfeffer
1 Eigelb
750 g Lauch
50 g getrocknete Tomaten
Frisch geriebene Muskatnuss
4 Stiele Thymian
2 Eier
100 ml Milch
100 ml Schlagsahne

Zubereitung:

1. Für den Teig, Mehl, 80 g Butter und Salz in eine Schüssel geben. Mit den Knethaken des Handrührers zu einer krümeligen Masse verkneten. Dann Eigelb und 3 EL kaltes Wasser dazugeben und zu einem glatten Teig verkneten. In Folie gewickelt und für 1 Stunde in den Kühlschrank stellen.
2. Den Lauch waschen und in dünne Ringe schneiden. Tomaten waschen und würfeln. Alles zusammen mit 20 g Butter, noch mit Salz, Pfeffer und Muskat würzen und für 4-5 Minuten andünsten und danach abkühlen lassen.
3. Den Teig auf einer bemehlten Fläche ausrollen. Die Tarte-Form (Ø 24 cm) mit herauslösbarem Boden einfetten und den Teig hineingeben, den Rand andrücken und begradigen. Die abgekühlte Lauchmischung darauf geben.

4. Den Ofen auf 200 Grad (Umluft 180 Grad) vorheizen. Thymianblätter abzupfen und fein hacken. Mit Eiern, Sahne, Milch, Pfeffer, Salz und Muskat verquirlen, abschmecken und über die Lauchmischung gießen. Auf den Ofenboden mit einem Rost unten drunter stellen und für 40-45 Minuten backen. Danach herausnehmen und in der Form abkühlen lassen. Aus der Form herauslösen und in 12 Stücke schneiden und servieren.

Karottencreme-Suppe mit Brokkoli

Dauer: 45 Minuten
Pro Portion: ca. 452 kcal, 1895 kJ, 7 g EW, 28 g KH, 33 g Fett

Zutaten für 4 Portionen:
1 kleiner Brokkoli
600 g Karotten
200 g Kartoffeln
1 Zwiebel
8 EL Olivenöl
850 ml Gemüsebrühe
150 ml Schlagsahne
Prise Salz und Pfeffer
Frisch geriebene Muskatnuss
Ein paar Baguettescheiben

Zubereitung:

1. Den Brokkoli in Röschen schneiden, den Strunk schälen und grob würfeln. Kartoffeln und Karotten schälen und in kleine Stücke schneiden. Zwiebel ebenfalls schälen und klein würfeln.
2. In einen Topf 3 EL Olivenöl geben und erhitzen. Zwiebeln darin andünsten. Kartoffeln, Karotten und Brokkoliwürfel mit dünsten. Sahne und Gemüsebrühe dazu gießen, mit Salz, Pfeffer und Muskat würzen. Zugedeckt 25 Minuten bei mittlere Hitze kochen lassen.
3. Den Ofen 220 Grad vorheizen. Brokkoliröschen auf einem Backblech mit 3 EL Öl und Salz mischen. Auf die mittlere Schiene im Ofen stellen und für 15 Minuten rösten lassen.
4. Baguette in dünne Scheiben schneiden. Mit 1 EL Öl beträufeln und in den letzten 5 Minuten neben den Broccoli auf das Blech geben.
5. Das Gemüse mit dem Schneidstab sehr fein pürieren, mit Salz und Pfeffer abschmecken und mit etwas Olivenöl beträufelt servieren.

Gebratener Reis

Dauer: 25 Minuten
Pro Portion: ca. 565 kcal, 2368 kJ, 15 g EW, 60 g KH, 27 g Fett

Zutaten für 2 Portionen
150 g Brokkoli
3 Frühlingszwiebeln
1 Knoblauchzehe
1 Dose Mais (212 g)
4 EL Öl
100 g Reis
2 EL Sojasauce
1 EL Limettensaft
2 Eier
Etwas süß-scharfe Chilisauce

Zubereitung:

1. Brokkoli in Röschen teilen. Frühlingszwiebeln waschen und in dünne Ringe schneiden. Knoblauch schälen und klein hacken. Den Mais abtropfen lassen. Brokkoli, Knoblauch und das Weiße der Frühlingszwiebeln in 2 EL Öl 2-3 Minuten braten, herausnehmen.
2. Reis in 2 EL Öl knusprig braten, Sojasauce, Limettensaft und 3 EL Wasser dazugeben, gebratenes Gemüse und Mais untermischen und 2 Minuten weiterrösten.
3. Die Eier mit einer Gabel aufschlagen, über die Reismischung geben und untermengen. Bei schwacher Hitze weiterbraten, bis die Eimasse gestockt ist. Mit Limettensaft und Salz abschmecken. Mit Frühlingszwiebeln bestreuen. Mit der Chilisauce etwas beträufeln.

Broccoli-Pasta

Dauer: 30 Minuten
Pro Portion: ca. 655 kcal, 2743 kJ, 18 g EW, 75 g KH, 28 g Fett

Zutaten für 2 Portionen:
150 g Champignons
150 g Brokkoli
1 Bund Frühlingszwiebeln
200 g Bandnudeln
3 EL Öl
100 g Kirschtomaten
Prise Salz und Pfeffer
100 g Schmand
3 Stielen Petersilie

Zubereitung:

1. Champignons und Brokkoli in dünne Scheiben schneiden. Frühlingszwiebeln putzen, in dünne Ringe schneiden. Die Nudeln in Salzwasser nach Packungsanleitung garen. Brokkoli, Pilze und Frühlingszwiebeln in einer Pfanne mit 3 EL Öl für 4-5 Minuten bei mittlere Hitze braten.
2. Kirschtomaten waschen und halbieren. Gemüse mit Salz und Pfeffer würzen. 150 ml Nudelwasser und Schmand zum Gemüse geben und aufkochen. Nudeln abgießen und weitere 100 ml Nudelwasser auffangen. Tomaten und Nudeln unter die Brokkoli-Mischung heben.
3. Mit Salz und Pfeffer abschmecken. Von der Petersilie eine Blättchen abzupfen und darüberstreuen.

Fenchel-Pasta

Dauer: 30 Minuten
Pro Portion: ca. 1121 kcal, 4697 kJ, 29 g EW, 83 g KH, 72 g Fett

Zutaten für 2 Portionen:
1 Fenchelknolle
1 rote Paprikaschote
1 Zwiebel
200 g Bandnudeln
Prise Salz und Pfeffer
3 EL Olivenöl
150 g Créme fraiche
1 Bund Dill

Zubereitung:

1. Fenchel waschen, das Grün beiseitelegen. Fenchel vierteln den harten Strunk entfernen, Viertel in dünnen Spalten schneiden. Paprika waschen, vierteln und in dünne Streifen schneiden. Zwiebel schälen und würfeln.
2. Nudeln in kochendem Salzwasser nach Packungsanleitung garen. In einer Pfanne 2 EL Öl leicht erhitzen und Zwiebeln, Fenchel, Paprikastreifen darin 3 Minuten anbraten. Mit Salz, Pfeffer und etwas Zucker würzen.
3. Vom Nudelwasser 150 ml und Créme fraiche zum Fenchel geben. Für 2 Minuten kochen. Nudeln abgießen und unter das Gemüse mischen.
4. Dill und Fenchelgrün hacken und untermischen. Pasta mit dem übrigen grün bestreuen.

Penne mit Zitronensauce

Dauer: 30 Minuten
Pro Portion: ca. 1013 kcal, 4244 kJ, 59 g EW, 87 g KH, 44 g Fett

Zutaten für 2 Portionen:
150 TK-Erbsen
1 rote Zwiebel
30 g Mandeln
200 g Penne-Nudeln
200 ml Nudelkochwasser
2 EL Olivenöl
Prise Pfeffer und Salz
150 ml Schlagsahne
Prise Zucker
1 Bio-Zitrone
50 g Rauke

Zubereitung:

1. Erbsen auftauen lassen. Zwiebel schälen, vierteln und in dünne Streifen schneiden. Mandeln grob hacken. Nudeln in kochendem Salzwasser nach Packungsanleitung garen. Erbsen 2 Minuten vor Ende der Garzeit dazugeben.
2. Mandeln in 2 EL Olivenöl goldbraun anbraten und herausnehmen. Zwiebeln kurz in einer Pfanne anbraten mit Salz und Pfeffer etwas würzen, herausnehmen. Für die Zitronensauce Schlagsahne und Nudelkochwasser mit Salz, Pfeffer Zucker und 1 TL fein abgeriebener Zitronenschale in einer Pfanne bei starker Hitze 3-4 Minuten einkochen lassen.
3. Zwiebeln mit in der Sauce erhitzen. Nudeln abgießen, dabei weitere 100 ml Nudelwasser auffangen. Nudeln unter die Sauce heben, evtl. noch etwas Nudelwasser dazugeben. Mit Salz, Pfeffer und aus der Zitrone 1-2 EL Zitronensaft auspresst abschmecken.
4. Rauke waschen, trocken schleudern und klein schneiden. Nudeln mit Rauke und Mandeln bestreuen und sofort servieren.

Mozzarella-Tomaten-Gratin

Dauer: 40 Minuten
Pro Portion: ca. 847 kcal, 3546 kJ, 30 g EW, 77 g KH, 44 g Fett

Zutaten für 2 Portionen:
200 g Bandnudeln
Prise Salz und Pfeffer
400 g Tomaten
1 Kugel Mozzarella (125 g)
8 Stiele Basilikum
2 Knoblauchzehen
5 EL Olivenöl
30 g ital. Hartkäse

Zubereitung:

1. Nudeln in kochendem Salzwasser nach Packungsanleitung garen. Tomaten waschen und in Scheiben schneiden. Mozzarella abtropfen lassen und in Scheiben schneiden. Nudeln abgießen und abtropfen lassen.
2. Blätter von 6 Stielen Basilikum abzupfen. Knoblauchschälen und grob hacken. Beides mit Olivenöl fein pürieren. Käse fein reiben und unterrühren. Mit Salz und Pfeffer abschmecken.
3. Den Ofen auf 220 Grad (Umluft 200 Grad) vorheizen. Nudeln, Tomaten und Mozzarella abwechselnd in die Auflaufform legen, dabei etwas Salz und Pfeffer würzen.
4. Mit Pesto beträufeln und in den vorgeheizten Ofen auf die mittlere Schiene 12-15 Minuten backen. Mit den übrigen Basilikumblättchen abzupfen und über die Gratins streuen und sofort servieren.

Frühlings-Gratin

Dauer: 45 Minuten
Pro Portion: ca. 510 kcal, 2142 kJ, 13 g EW, 40 g KH, 31 g Fett

Zutaten für 3 Portionen:
2 EL Butter
1 EL Mehl
150 ml Schlagsahne
Prise Salz und Pfeffer
Etwas geriebene Muskatnuss
5 Möhren
1 Kohlrabi
400 g festkochende Kartoffeln
100 g grüne Bohnen
½ Bund Kerbel
½ Bund Estragon
30 g geriebener ital. Hartkäse (z.B. Grana Padano)

Zubereitung:

1. In einem Topf 1 EL Butter zerlassen, Mehl dazugeben und unter Rühren aufschäumen lassen. Sahne und Milch nach und nach unter Rühren dazugießen, aufkochen lassen und bei mittlere Hitze unter gelegentlichem Rühren 15 Minuten köcheln lassen. Mit Pfeffer, Salz und Muskat würzen.
2. Kohlrabi, Möhren und Kartoffeln schälen. Möhren in Scheiben schneiden, Kohlrabi in Spalten schneiden. Beides in einem anderen Topf mit 1 EL Butter dünsten, etwas salzen und 100 ml Wasser dazugießen.
3. Die Bohnen waschen und in kochendem Salzwasser 5 Minuten garen, herausnehmen und kalt abschrecken. Kartoffeln in mundgerechte Scheiben schneiden und im kochenden Salzwasser 6-8 Minuten weich garen, abgießen und abtropfen lassen.
4. Den Ofengrill auf 240 Grad vorheizen. Estragon- und Kerbelblätter fein hacken. Kartoffeln, Bohnen und Béchamelsauce zum restlichen Gemüse geben, die Kräuter untermischen.
5. Alles in eine Auflaufform (25 x 18 cm) geben und den Käse drüber streuen. Im Ofen auf die mittlere Schiene legen und für 5-7 Minuten goldbraun backen.

Blumenkohl aus dem Ofen

Dauer: 1 Stunde 10 Minuten
Pro Portion: ca. 663 kcal, 2778 kJ, 26 g EW, 7 g KH, 58 g Fett

Zutaten für 2 Portionen:
1 Blumenkohl
4 EL Öl
Prise Salz
½ TL edelsüßes Paprikapulver
200 g Doppelrahmfrischkäse
3-4 EL Milch
½ Kästchen Gartenkresse

Zubereitung:

1. Den Ofen auf 200 Grad (Umluft 180 Grad) vorheizen. Blumenkohl waschen und auf ein Backblech legen. Öl, Salz und Paprikapulver mischen und über den Blumenkohl beträufeln. 200 ml Wasser auf das Blech gießen und alles im vorgeheizten Ofen im unteren Ofendrittel 1 Stunde backen.
2. In der Zwischenzeit Doppelrahmfrischkäse mit Milch glatt rühren. Mit Pfeffer und Salz würzen. Kresse abschneiden unter den Frischkäse mischen. Mit restlicher Kresse bestreuen und zum Blumenkohl reichen.

Überbackene Auberginen

Dauer: 30 Minuten
Pro Portion: ca. 506 kcal, 2118 kJ, 22 g EW, 9 g KH, 41 g Fett

Zutaten für 2 Portionen:
500 g Auberginen
1 Kugel Mozzarella (125 g)
50 g ital. Hartkäse
1 Dose stückige Tomaten (400 g)
Prise Salz und Pfeffer
1 TL getrocknetem Oregano
4-6 Olivenöl

Zubereitung

1. Die Auberginen waschen und längs in ca. ½ cm dicke Scheiben schneiden. Auf eine Arbeitsfläche legen und mit etwas Salz die Auberginen hälften bestreuen, für 10 Minuten ziehen lassen.
2. Mozzarella Kugel klein würfeln und zwischen Küchenpapier trocken tupfen. Hartkäse fein reiben. Stückige Tomaten in einem Topf erhitzen, mit Salz, Pfeffer und Oregano würzen. Bei mittlere Hitze warm halten.
3. Den Ofen auf 180 Grad (Umluft 160 Grad) vorheizen. Die entstandenen Wassertopfen mit Küchenpapier von den Auberginenscheiben tupfen. 4-6 EL Olivenöl in einer Pfanne leicht erhitzen und die Auberginenscheiben von beiden Seiten hellbraun braten.
4. Auberginen, Tomatensauce und Käse abwechselnd in eine Auflaufform schichten und für 45 Minuten auf der mittleren Schiene backen lassen.

Gefüllte Paprika mit Tofu

Dauer: 30 Minuten
Pro Portion: ca. 586 kcal, 2446 kJ, 36 g EW, 24 g KH, 36 g Fett

Zutaten für 2 Portionen:
1 Zwiebel
1 EL Olivenöl
1 Dose Pizza-Tomaten (400 g)
Prise Salz und Pfeffer
Prise Zucker
15 g schwarze Oliven
2 rote Spitzpaprika
3 Frühlingszwiebeln
300 g Tofu
1 Ei
3 EL Semmelbrösel
2 EL ital. Kräutermischung (TK)

Zubereitung:

1. Zwiebeln in kleine Würfel schneiden. Öl in einem Topf erhitzen, Zwiebeln darin glasig dünsten. Tomaten dazugeben, 20 Minuten köcheln lassen. Mit Salz, Pfeffer und Zucker abschmecken. Oliven entkernen und in die Sauce rühren.
2. Paprika längs halbieren entkernen und weiße Häute entfernen. Frühlingszwiebeln waschen und feine Ringe schneiden. Tofu in kleine Würfel schneiden, Semmelbrösel, Kräuter, Frühlingszwiebeln und ein Ei mischen. Mit Salz und Pfeffer abschmecken.
3. Den Ofen auf 180 Grad (Umluft 160 Grad) vorheizen. Tomatensauce in eine Auflaufform geben. Paprikahälften mit der Tofumasse füllen und auf die Sauce setzen. Im vorgeheizten Ofen 35-40 Minuten schmoren lassen.

Zucchini-Buletten

Dauer: 40 Minuten
Pro Portion: ca. 281 kcal, 1179 kJ, 11 g EW, 20 g KH, 16 g Fett

Zutaten für 4 Portionen:
500 g Zucchini
Prise Salz und Pfeffer
1 Zwiebel
4 EL Öl
1 TL getrockneter Thymian
2 EL Mehl
6 EL Semmelbrösel
40 g frisch geriebener ital. Hartkäse (z.B. Grana Padano)
2 Eier

Zubereitung:

1. Zucchinis waschen, grob raspeln und mit etwas Salz in einer Schüssel mischen. Beiseitestellen.
2. Zwiebeln schälen und fein würfeln. 2 TL Öl in einer kleinen Pfanne erhitzen, darin die Zwiebelwürfel bei mittlere Hitze glasig dünsten.
3. Mit einem sauberen Geschirrtuch die Zucchiniraspeln gut ausdrücken. Zucchini, Zwiebelwürfel, Thymian, Mehl, Semmelbrösel, Parmesan und Eier gut miteinander vermischen.
4. Mit Salz und Pfeffer würzen. Aus der Masse mit feuchten Händen 12 Buletten formen.
5. Mit dem restlichem Öl in einer Pfanne erhitzen und die Buletten von jeder Seite 3-4 Minuten goldbraun braten.

Scharfe Chili-Bohnen

Dauer: 20 Minuten
Pro Portion: ca. 145 kcal, 608 kJ, 4 g EW, 10 g KH, 8 g Fett

Zutaten für 2 Portionen:
450 g Schnippelbohnen
20 g Butter
1 Prise Chiliflocken
½ TL Bohnenkraut
Prise Salz und Pfeffer

Zubereitung:

1. Schnippelbohnen waschen und schräg in Stücke schneiden. In kochendem Salzwasser 4-5 Minuten garen. In einer Sieb Abgießen und abtropfen lassen.
2. In einer Pfanne Butter erhitzen, Chiliflocken und Bohnenkraut dazugeben. Die Bohnen als nächstes unterrühren und mit Salz und Pfeffer abschmecken.

Kartoffelpizza

Dauer: 50 Minuten
Pro Portion: ca. 1022 kcal, 4282 kJ, 23 g EW, 117 g KH, 47 g Fett

Zutaten für 2 Portionen
400 g vorwiegend festkochende Kartoffeln
Prise Salz und Pfeffer
1 Zweig Rosmarin
4 EL Olivenöl
1 Rolle Pizza-Teig (400 g)
100 g Créme fraiche
3 Tomaten
2-3 EL Essig
Prise Zucker
2 Frühlingszwiebeln
40 g grüne kernlose Oliven

Zubereitung:

1. Kartoffeln schälen und in dünne Scheiben schneiden (3mm). Im heißen Salzwasser 3 Minuten kochen, abgießen, abschrecken und abtropfen lassen. Rosmarinnadeln fein hacken, mit 2 EL Öl in einer kleinen Schüssel vermischen.
2. Ein Backplech im Ofen auf 220 Grad (Umluft 200 Grad) vorheizen. Teig mit Backpapier einrollen und dünn mit Créme fraiche bestreichen. Mit etwas Salz und Pfeffer würzen.
3. Kartoffelscheiben oben drauf verteilen. Pizza mit dem Backpapier auf das heiße Blech ziehen und im Ofen im unteren Ofendrittel platzieren und für 20-25 Minuten backen.
4. Die Tomaten waschen, vierteln und entkernen. Tomatenkerne mit Essig, 2 EL Öl, Salz, Pfeffer und Zucker in ein hohes Gefäß geben und mit dem Schneidestab pürieren.
5. Tomatenfleisch klein würfeln. Zwiebeln schälen und in dünne Ringe schneiden. Oliven ebenfalls waschen und in dünne Ringe schneiden. Mit Tomatenwürfeln und Dressing mischen und zur Kartoffel-Pizza servieren.

Süßkartoffel-Frittata

Dauer: 60 Minuten
Pro Portion: ca. 904 kcal, 3786 kJ, 28 g EW, 90 g KH, 44 g Fett

Zutaten für 2 Portionen:
750 g Süßkartoffeln
Prise Salz und Pfeffer
1 TL weiche Butter
5 Eier
50 ml Schlagsahne
Etwas geriebene Muskatnuss
4 Frühlingszwiebeln
2 EL Öl
50 g Tofu

Zubereitung:

1. Den Ofen auf 200 Grad (Umluft 180 Grad) vorheizen. Kartoffeln schälen und in mundgerechte Würfel schneiden. Die Kartoffelwürfel in kochendes Wasser für 5 Minuten garen, abgießen und abtropfen lassen.
2. In eine Auflaufform (24 x 12 cm) mit Butter einfetten. Sahne und Eier verquirlen. Mit Salz, Pfeffer und Muskat würzen. Frühlingszwiebeln waschen und in feine Ringe schneiden.
3. Öl in einer Pfanne erhitzen die Zwiebeln für 1 Minute darin andünsten. Kartoffeln dazugeben und für eine weitere Minute mitbraten. Alles in die Auflaufform geben und die Eiersahne darüber verteilen. Im Ofen auf einen Rost auf der mittleren Schiene stellen und für 30 Minuten backen lassen.

Spinat-Lasagne mit Karotten-Salat

Dauer: 60 Minuten
Pro Portion: ca. 596 kcal, 2497 kJ, 25 g EW, 39 g KH, 35 g Fett

Zutaten für 4 Portionen:
650 g TK-Rahmspinat
300 g Tomaten
250 g Gouda
1 EL weiche Butter
9 Lasagne-Platten (ohne vorkochen)
500 g Möhren
3 EL Zitronensaft
Prise Salz und Pfeffer
1 TL Honig
3 EL Öl

Zubereitung:

1. Spinat nach Packungsanleitung auftauen lassen. Tomaten waschen, halbieren und in dünne Scheiben schneiden. Den Käse grob raspeln.
2. Den Ofen auf 190 Grad (Umluft 170 Grad) vorheizen. Eine ofenfeste Form (ca. 25 x 20 cm) mit Butter einfetten, 3 Lasagne-Platten hineinlegen. 1/3 des Spinats gleichmäßig darauf verteilen. 1/3 der Tomaten darauflegen. Mit 1/3 des Käses bestreuen. Diese Schichtung noch zweimal wiederholen. In den vorgeheizten Ofen auf die mittlere Schiene stellen und für 40-45 Minuten backen.
3. Die Möhren waschen und grob raspeln. 2 EL Wasser, Zitronensaft, Salz, Pfeffer, Honig und Öl zu einem Dressing vermischen und über die Karotten beträufeln und mit zur Lasagne servieren.

Marinierte Rote-Bete

Dauer: 20 Minuten
Pro Portion: ca. 104 kcal, 437 kJ, 3 g EW, 12 g KH, 3 g Fett

Zutaten für 4 Portionen:
500 g gekochter Rote-Bete
1 Knoblauchzehe
2 EL Zitronensaft
1 TL gemahlenem Kreuzkümmel
Etwas Salz
150 g türkischer Joghurt (10 % fett)
2 EL gehackter Petersilie

Zubereitung:

1. Rote Bete trocken tupfen. Erst in 1 cm dicke Scheiben schneiden und dann Würfeln. Knoblauchfein hacken und mit Zitronensaft, 3 EL Wasser und Kreuzkümmel in einem Topf erhitzen und 4-5 Minuten. Bei schwacher Hitze ziehen lassen.
2. In einer Schüssel mit Rote-Bete-Würfel mischen. Mit Salz würzen und 30 Minuten marinieren, dabei öfter mischen.
3. Den Joghurt mit gehackter Petersilie und etwas Salz vermischen.

Linsentaler

Dauer: 40 Minuten
Pro Portion: ca. 202 kcal, 846 kJ, 8 g EW, 30 g KH, 3 g Fett

Zutaten für 4 Portionen:
1 Zwiebel
1 Pfefferschote
1 EL Olivenöl
1 EL Tomatenmark
1 TL edelsüßes Paprikapulver
80 g rote Linsen
400 ml heiße Gemüsebrühe
130 g groben Bulgur
½ TL gemahlenen Piment
2-3 Stielen Petersilie und Pfefferminze

Zubereitung:

1. Zwiebel schälen und würfeln. Pfefferschote waschen, längs halbieren, entkernen und quer in feine Streifen schneiden.
2. Olivenöl in einer Pfanne leicht erhitzen, Zwiebeln und Pfefferschote darin andünsten. Tomatenmark, Paprikapulver und rote Linsen untermischen. Gemüsebrühe dazugeben, zugedeckt aufkochen und bei schwacher Hitze 10 Minuten kochen lassen.
3. Bulgur und Piment untermengen und bei schwacher Hitze zugedeckt für weitere 15 Minuten quellen lassen. Die Masse in einer flachen Schale abkühlen lassen. Masse mit feuchten Händen zu Talern (5 cm Ø) formen und mit Blättchen von je Petersilie und Pfefferminze garnieren und sofort servieren.

Pasta e fagioli

Dauer: 40 Minuten
Pro Portion: ca. 445 kcal, 1863 kJ, 17 g EW, 37 g KH, 23 g Fett

Zutaten für 4 Portionen:
1 Zwiebel
1 Knoblauchzehe
2 Zweige Rosmarin
4 EL Olivenöl
2 TL Tomatenmark
1 ¼ milde Gemüsebrühe
1 Lorbeerblatt
Prise Salz
Chiliflocken
1 Messerspitze Zimtpulver
250 g Brokkoli
250 g Möhren
120 g kleine ital. Nudeln
1 Dose weiße Bohnenkerne (400 g Füllmenge)
4 EL geriebener ital. Hartkäse (z.B. Grana Padano)

Zubereitung:

1. Zwiebel und Knoblauch in kleine Würfel schneiden. Rosmarinnadeln fein hacken. Zwiebeln und Knoblauch in einem Topf mit 2 EL Öl andünsten. Tomatenmark und Rosmarin kurz mit anrösten. Gemüsebrühe angießen, Lorbeerblatt dazugeben, aufkochen, mit etwas Salz, einigen Chiliflocken und Zimt würzen und zugedeckt für 5 Minuten köcheln lassen.
2. Den Brokkoli waschen, in kleine Röchen zerteilen. Möhren waschen, längs halbieren und in Scheiben schneiden. Nudeln in Salzwasser nach packungsanleitung gar kochen. Brokkoli und Möhren 5 Minuten vor Ende der Garzeit dazugeben. Bohnen abtropfen lassen und in die Suppe geben und nochmals kurz erhitzen. Evtl. nachwürzen und mit Käse bestreuen und mit 2 EL Olivenöl beträufeln und sofort servieren.

Überbackene Zucchini

Dauer: 45 Minuten
Pro Portion: ca. 266 kcal, 1114 kJ, 11 g EW, 8 g KH, 20 g Fett

Zutaten für 2 Portionen:
1 Dose stückige Tomaten (400 g)
1 kleine Knoblauchzehe
Prise Salz und Pfeffer
Etwas Zucker
½ Kugel Büffelmozzarella
3 Zucchini
2-4 EL Öl
1 TL getrocknete ital. Kräuter
20 g geriebener ital. Hartkäse (z.B. Grana Padano)
2 Stiele Basilikum

Zubereitung:

1. Tomaten in einen Topf geben. Knoblauch schälen und auspressen und mit dazu geben. Aufkochen und mit Salz, Pfeffer und 1 Prise Zucker würzen. Bei mittlere Hitze zugedeckt für 15 Minuten köcheln lassen.
2. Den Mozzarella auf 3 Lagen Küchenpapier geben und trockentupfen. Die Zucchinis waschen, längs in ½ cm dicke Scheiben schneiden. Mozzarella und Zucchinis nacheinander in eine Pfanne mit heißem Öl hellbraun anbraten. Mit Salz etwas würzen und auf einen Teller geben.
3. Den Ofen auf 220 Grad (Umluft 200 Grad) vorheizen. Tomatensauce abschmecken und mit ital. Kräutern würzen. Die Sauce in einer Auflaufform (30 x16 cm) verteilen. Die Zucchini dachziegelartig in die Auflaufform legen. Mit dem Käse bestreuen. Den Mozzarella darüber zupfen.
4. Im vorgeheizten Ofen die Auflaufform auf die mittlere Schiene für 15-20 Minuten goldbraun backen. Mit Basilikumblätter garnieren.

Nudel-Kräuterroulade

Dauer: 1 Stunde 35 Minuten
Pro Portion: ca. 890 kcal, 40 g EW, 94 g KH, 40 g Fett

Zutaten für 4 Portionen:
440 g Mehl
4 Eier
1 EL Öl
Prise Salz und Pfeffer
1 Schlotte
1 Knoblauchzehe
60 g Butter
500 g Ricotta
2 Eigelbe
50 g gemischte gehackte Kräuter
500 ml Milch

Zubereitung:

1. 400 g Mehl, Eier, Öl und ½ TL Salz verkneten. In Folie ca. 30 Minuten kühlen.
2. Zwiebel, Knoblauch schälen, in 20 g Butter andünsten. Abkühlen lassen, mit Ricotta, Eigelben, Kräutern mischen. Mit Salz, Pfeffer würzen. Ofen auf 180 Grad (Umluft 160 Grad) vorheizen.
3. Nudelteig halbieren. Zu 2 Rechtecken ausrollen und mit Ricottamasse bestreichen, aufrollen. Nudelrollen in einen gefetteten Bräter legen, mit kochendem Salzwasser aufgießen und zugedeckt ca. 20 Minuten im Ofen garen.
4. Für die Sauce 40 g Butter zerlassen und 40 g Mehl darin anschwitzen, dann Milch einrühren. Ca. 10 Minuten köcheln, mit Salz, Pfeffer würzen. Nudelrollen aufschneiden, mit der Sauce übergießen und kurz übergrillen.

Spargel auf Toast

Dauer: 25 Minuten
Pro Portion: ca. 323 kcal, 1348 kJ, 8 g EW, 19 g KH, 23 g Fett

Zutaten für 2 Portionen:
250 g grüner Spargel
1 EL sonnengetrocknete Tomaten in Öl
1 EL Kapern
½ Bund Rauke
1 Ei
1 EL Olivenöl
Prise Salz und Pfeffer
2 Scheiben Weißbrot
2 EL Mayonnaise

Zubereitung:

1. Spargel schälen und die Enden abschneiden und danach längs halbieren. Kapern und Tomatenabtropfen lassen und grob hacken. Rauke verlesen, waschen, trocken schleudern und grobe Stiele entfernen.
2. Das Ei wachsweich garen (6 Minuten). Unter kaltem Wasser abschrecken und danach vorsichtig pellen.
3. Öl in einer Pfanne erhitzen und den Spargel darin für 3-4 Minuten anbraten. Tomaten und Kapern dazugeben, alles gut vermischen und mit Pfeffer und Salz abschmecken.
4. Das Weißbrot goldbraun toasten. Mit Mayonnaise bestreichen, Spargel, Rauke, Kapern und Tomaten darauf verteilen. Das Ei halbieren und die Eihälften auf die Brote oben drauf setzten.

Spinat-Shakshuka mit Avocado-Ei

Dauer: 40 Minuten
Pro Portion: ca. 405 kcal, 7 g EW, 16 g KH, 33 g Fett

Zutaten für 4 Portionen:
1 rote Zwiebel
2 Knoblauchzehen
1 Paprikaschote
200 g Kichererbsen im Glas
150 g Babyspinat
6 EL Olivenöl
2 EL Tomatenmark
1 Dose Tomaten 400 g klein gehackt
Etwas Kreuzkümmel
1 TL Paprika Edelsüß
1 TL Meersalz
2 TL Zucker
1 Prise Chilipulver
1 Prise Pfeffer
2 EL Tahin
1 TL Kreuzkümmel
½ TL Kurkuma
2 kleine Avocados
½ Bund Koriander

Zubereitung:

1. Paprika, 1 Knoblauchzehe und Zwiebeln in kleine Würfel schneiden. Kichererbsen abgießen, die Hälfte der Einlegeflüssigkeit auffangen. Spinat unter kaltem Wasser waschen.
2. 3 EL Olivenöl in einer Pfanne erhitzen, Paprika, Knoblauch- und Zwiebelwürfel dazugeben und anschwitzen. Tomatenmark untermischen. Die Hälfte der Kichererbsen und Tomaten dazugeben. Mit Paprikagewürz, Kreuzkümmel, Salz, Pfeffer, Zucker und Chili abschmecken. Die Sauce für ca. 10 Minuten köcheln lassen. Spinat unterrühren und leicht zusammenfallen lassen.
3. Für den Hummus: Die andere Hälfte der Kichererbsen mit 3 EL Olivenöl, Tahin, der zweiten Knoblauchzehe, etwas Salz und 1 TL Kreuzkümmel in einen Mixbecher geben. Alles zu einer cremigen Paste rühren. Bei Bedarf noch etwas Einlegeflüssigkeit der Kichererbsen untermischen. Hummus mit ½ TL Kurkuma gelb färben.
4. Avocados halbieren, entkernen mit Salz und Pfeffer würzen. Die Mulde der Avocado mit Hummus füllen. Die Avocados in die Tomatensauce legen, mit einem Deckel abdecken und 8 Minuten bei 180 Grad im Ofen garen. Shakshuka mit Koriander bestreuen.

Low Carb vegetarisch

Hier finden Sie leckere Low Carb Rezepte, bei denen Sie zwar an den Kohlenhydraten, aber garantiert nicht am Genuss gespart haben.

Mini Pizza mit Pesto

Dauer: ca. 1 Stunde
Pro Portion: ca. 927 kcal, 3880 kJ, 35 g EW, 12 g KH, 83 g Fett

Zutaten für 4 Portionen
65 g Gouda am Stück
230 g Mandelmehl oder Dinkelvollkornmehl
2 TL getrocknete italienische Kräuter
50 g Frischkäse
2 Eier
2 EL Bratöl

Für das Pesto:
40 g Pinienkerne
120 g getrocknete Tomaten in Öl + 4-5 EL Einlegeöl
1 Knoblauchzehe

Für den Belag:
1 Knoblauchzehe
1 EL Bratöl
1 Dose stückige Tomaten á 400 g
Prise Salz und Pfeffer
Prise Rohrohrzucker
1 TL getrockneter Oregano
125 g Schalotten
125 g Mozzarella

Für den Salat
150 g Champignons
1 EL Bratöl
125 g Babyspinat
3 EL Olivenöl
2 EL Weißweinessig

Zubereitung:

1. Den Ofen auf 180 Grad (Umluft) vorheizen. Für den Teig Käse fein reiben und in Teigschüssel geben. Mit Mandelmehl, ½ TL Salz und italienischen Kräutern vermischen. Frischkäse, Öl und Eier dazugeben. Alles mit den Händen zu einem gleichmäßigen Teig verkneten und in 4 Portionen teilen. Backpapier nebeneinander auf der Arbeitsfläche ausbreiten und den Teig darauf zu ca. 22 x 14 cm großen Fladen ausrollen. Backpapiere mit Teigfladen auf ein Backplech legen und ca. 5 Minuten vorbacken.
2. Für den Belag Knoblauch schälen und fein und in kleine Stücke schneiden. Bratöl in einer Pfanne erhitzen und Knoblauch darin ca. 2 Minutenbei mittlere Hitze anschwitzen. Stückige Tomaten dazugeben mit Pfeffer, Salz, Zucker und Oregano würzen und Tomatensauce in offener Pfanne ca. 15 Minuten bei mittlere Hitze köcheln lassen. Schalotten schälen und in dünne Ringe schneiden. Mozzarella abtropfen lassen und in kleine Würfel schneiden.
3. Für das Pesto die Pinienkerne in einer Pfanne ohne Fett hellbraun rösten, die Hälfte für den Salat zur Seite stellen und die andere Hälfte in einen Mixbehälter geben. Tomaten abtropfen lassen, dabei 4-5 EL Einlegeöl auffangen, 50 g Tomaten fein würfeln und für den Salat zur Seite stellen, restliche 70 g zu den Pinienkernen in den Mixbehälter geben. Knoblauch schälen und in kleine Stücke schneiden. Das Einlegeöl dazu geben und alles fein pürieren. Mit Pfeffer und Salz würzen.
4. Backpleche aus dem Ofen nehmen, Fladen mithilfe eines Pfannenwenders wenden. Mit Tomatensauce bestreichen und mit Schlotten belegen. Mozzarella darüberstreuen und ca. weitere 10-15 Minuten backen.

5. Für den Salat Champignons waschen und je nach Größe vierteln oder achteln. Bratöl in einer kleinen Pfanne erhitzen und die Champignons darin 2 Minuten bei mittlere Hitze anbraten. Den Spinat waschen und abtropfen lassen.
6. Für das Dressing Olivenöl und Essig verrühren und mit Pfeffer und Salz abschmecken. Spinat, Pilze, zur Seite gelegte getrocknete Tomaten, Pinienkerne und Dressing vermischen.
7. Pizzen aus dem Ofen nehmen, Pesto beträufeln und zusammen mit dem Spinatsalat servieren.

Kohlrabi-Linsen-Suppe

Dauer: ca. 45 Minuten
Pro Portion: ca. 267 kcal, 1120 kJ, 9g EW, 19 g KH, 17 g Fett

Zutaten für 4 Portionen:
140 g rote Linsen
Prise Salz
800 g Kohlrabi
80 g Zwiebeln
1 Knoblauchzehe
2 EL Bratöl
2 TL Currypulver
1 TL gemahlene Kurkuma
400 ml Gemüsebrühe
1 Dose Kokosmilch á 400 ml
Prise schwarzer Pfeffer

Für das Topping:
1 Bund Koriander (ca. 20 g)
1 walnussgroßes Stück Ingwer
1 EL Bratöl
50 g gehackte Mandeln
1 gestrichener TL Chiliflocken

Zubereitung:

1. Linsen nach Packungsanleitung in Salzwasser garen. In ein Sieb abgießen und abtropfen lassen. Kohlrabi schälen und in mundgerechte Stücke schneiden. Knoblauch und Zwiebeln schälen und fein würfeln. Öl in einen Topf erhitzen, Knoblauch und Zwiebeln darin ca. 2 Minuten bei mittlere Hitze anschwitzen.
2. Mit Currypulver und Kurkuma bestäuben. Kohlrabistücke dazugeben, 1 Minute mit anschwitzen und Brühe angießen. Aufkochen und im geschlossenen Topf 20 Minuten bei mittlere Hitze köcheln lassen.
3. Für das Topping Koriander abwaschen, Blätter zupfen und fein hacken. Ingwer schälen und fein würfeln. Öl in einer Pfanne erhitzen und Mandeln darin goldbraun rösten. Ingwer und Chiliflocken dazugeben und 1 Minute mitbraten. Etwas salzen und Koriander untermengen.
4. Zur Suppe Kokosmilch dazugeben und mit dem Stabmixer cremig pürieren. Linsen dazugeben, vermischen, aufkochen und mit Pfeffer und Salz abschmecken.
5. Suppe auf vier Tellern aufteilen, Topping oben drauf geben und servieren.

Fenchel-Carpaccio

Dauer: ca. 1 Stunde
Pro Portion: ca. 579 kcal, 2420 kJ, 15 g EW, 63 g KH, 29 g Fett

Zutaten für 4 Portionen:
750 g Fenchel
100 g rote Zwiebeln
60 g Rosinen

Für das Dressing:
1 Bio-Zitrone
1 Orange
3 EL Weißweinessig
Prise Salz und schwarzer Pfeffer
4 EL Agavendicksaft
6 EL Olivenöl
40 g Pinienkerne
50 g Parmesan am Stück

Zubereitung:

1. Fenchel waschen, Fenchelgrün abschneiden und zur Seite legen, Knollen halbieren, Strunk entfernen und die Hälften quer in sehr dünne Scheiben schneiden. Gemüse in 4 flachen Tellern kreisförmig anordnen. Zwiebeln schälen, halbieren und in dünne Halbringe schneiden. Zwiebelstreifen gleichmäßig auf den Fenchel verteilen und mit Rosinen bestreuen.
2. Für das Dressing die Zitrone heiß abwaschen, trocken reiben, 1 EL Schale fein abreiben und 4 EL Saft auspressen. Orange ebenfalls auspressen. Essig mit Pfeffer, Salz, Orangensaft, Schalenabrieb, Zitronensaft und Agavendicksaft über das Carpaccio geben und ca. 30 Minuten ziehen lassen.
3. In der Zwischenzeit die Pinienkerne in einer Pfanne ohne Fett hellbraun rösten. Den Käse grob reiben. Fenchelgrün abwaschen, trocken schütteln und fein hacken. Kurz vor dem Servieren Pinienkerne, Käse und Fenschelgrün über das Carpaccio streuen. Mit Pfeffer nochmals würzen.

Blumisotto mit Pilzen

Dauer: ca. 50 Minuten
Pro Portion: ca. 410 kcal, 1720 kJ, 17 g EW, 12 g KH, 31 g Fett

Zutaten für 4 Portionen:
1,5 kg Blumenkohl
300 g Kräuterseitlinge
100 g Lauchzwiebeln
70 g Parmesan am Stück
100 g Zwiebeln
2 Knoblauchzehen
4 EL Bratöl
100 ml trockener Weißwein
1 EL Gemüsebrühepulver
Prise Salz und schwarzer Pfeffer
½ Bund Thymian (ca. 10 g)
1 Bio-Zitrone
200 g Schmand
1 TL Muskat
50 g Rucola
Thymian nach Belieben zum Garnieren

Zubereitung:

1. Blumenkohl waschen, grob zerteilen, und mit dem Strunk grob reiben, sodass reiskorngroße Stücke entstehen. Kräuterseitlinge waschen, abtrocknen und in Würfel schneiden. Lauchzwiebeln waschen und in dünne Ringe schneiden.
2. Den Käse fein reiben. Zwiebeln und Knoblauch schälen und fein würfeln. 2 EL Öl in einen Topf erhitzen und Zwiebeln und Knoblauch darin ca. 3 Minuten bei mittlere Hitze anschwitzen.
3. Blumenkohl dazugeben und für 5 Minuten bei mittlere Hitze anbraten. Wein dazu gießen, Brühepulver unterrühren und unter gelegentlichem Rühren im halboffenen Topf weitere 10 Minuten bei mittlere Hitze garen.
4. Das restliche Öl (2 EL) in einer Pfanne erhitzen und die Pilze darin 5 Minuten bei hoher Hitze anbraten. Lauchzwiebeln

dazugeben und für 2 Minuten bei mittlere Hitze weiterbraten. Mit Pfeffer und Salz abschmecken.

5. Den Thymian waschen, trocken schütteln und die Blätter abzupfen. Zitrone heiß abwaschen, trocken reiben, 1 EL Schale abreiben und mit Schmand unter das Blumisotto heben.
6. Pilz-Lauchzwiebeln-Mischung, Käse und Thymian ebenfalls untermischen. Mit Pfeffer, Salz und Muskat abschmecken. Rucola verlesen, waschen, abtropfen lassen und grob hacken. Blumisotto auf 4 Teller verteilen und mit Rucola und nach Belieben mit Thymian garnieren und servieren.

Lasagne mit Zitronen-Béchamelsauce

Dauer: ca. 1 Stunde 30 Minuten
Pro Portion: ca. 463 kcal, 1940 kJ, 21 g EW, 34 g KH, 27 g Fett

Zutaten für 4 Portionen:
1,2 kg Zucchini
Prise Salz
100 g Zwiebeln
2 Knoblauchzehen
400 g Knollensellerie
400 g Möhren
3 EL Bratöl
680 g passierte Tomaten
1 Lorbeerblatt
100 g Lauchzwiebeln
½ Bund Thymian (ca. 10 g)
40 g Tomatenmark
Prise schwarzer Pfeffer
100 g Gouda am Stück
½ Bund Basilikum (ca. 10 g)

Für die Béchamelsauce
30 g Butter
2 gehäufte EL Dinkelmehl Type 630
500 ml Milch
1-2 Bio-Zitronen

Zubereitung:

1. Backofen auf 230 Grad vorheizen. Zucchini waschen und längs in 1 cm dicke Scheiben schneiden. Nebeneinander auf mit Backpapier belegtes Backblech legen, salzen und ca. 35 Minuten backen. Aus dem Ofen nehmen und beiseite stellen. Backtemperatur auf 200 Grad reduzieren.
2. Für die Bolognese Zwiebeln und Knoblauch schälen und fein würfeln. Sellerie und Möhren schälen und ca. kleine Würfel schneiden. Öl in einen Topf erhitzen und Zwiebeln und Knoblauch darin 2 Minuten bei mittlere Hitze anschwitzen. Sellerie und Möhren dazugeben und ca. 7 Minuten bei hoher Hitze anbraten, damit das Gemüse leicht Farbe bekommt. Mit passierten Tomaten ablöschen, Lorbeerblatt dazugeben, Sauce aufkochen und im geschlossenen Topf ca. 10 Minuten bei niedriger Hitze köcheln lassen. Lauchzwiebeln waschen und in feine Ringe schneiden. Thymian abwaschen, trocken schütteln, Blätter abzupfen, grob hacken und mit Lauchzwiebeln unter die Sauce heben. Tomatenmark ebenfalls unterrühren und Lorbeerblatt entfernen. Mit Pfeffer und Salz würzen und zur Seite stellen.
3. Für die Béchamelsauce Butter in einen Topf zerlassen, Mehl darüberstreuen und unter ständigem Rühren ca. 1 Minute bei mittlere Hitze anschwitzen. Nach und nach Milch dazugeben und mit dem Schneebesen rühren. Béchamelsauce aufkochen und im offenen Topf unter ständigem Rühren ca. 2 Minuten bei niedriger Hitze köcheln lassen. Zitronen heiß abwaschen, trocken reiben, 2 EL Schale fein abreiben und unter die Sauce heben. Mit Pfeffer und Salz würzen.

4. 3 EL Béchamelsauce auf dem Boden der Auflaufform verteilen. Die Hälfte der Zucchinischeiben nebeneinander in die Form legen und darüber die Hälfte der Bolognese- und der Béchamelsauce verteilen. Den Schritt wiederholen. Käse fein reiben und darüberstreuen. Die Lasagne ca. 30 Minuten backen. Aus dem Ofen nehmen und vor dem Servieren ca. 5 Minuten ruhen lassen. Mit Basilikum garnieren und servieren.

Pilz-Omelett

Dauer: ca. 40 Minuten
Pro Portion: ca. 788 kcal, 3294 kJ, 41 g EW, 2 g KH, 66 g Fett

Zutaten für 2 Portionen:
250 g Champignons
3 Stiele Thymian
4 Eier
Prise Salz und Pfeffer
120 g Camembert
3 EL Öl
1 EL Butter

Zubereitung:

1. Champignons waschen und in dünne Scheiben schneiden. Thymian von den Stielen zupfen und fein hacken. Thymian und Eier in eine Schüssel geben, verquirlen und etwas salzen.
2. Camembert der Länge nach in dünne Scheiben schneiden. 2 EL Öl in einer Pfanne erhitzen. Champignons bei starker Hitze 3 Minuten unter Rühren anbraten. Etwas salzen und pfeffern und auf einen Teller geben.
3. Die Pfanne auswischen und die Butter und das restliche Öl erhitzen. Die Eier dazugeben und bei mittlere Hitze stocken lassen. Champignons auf das Omelett verteilen und für weitere 2 Minuten stocken lassen.

4. Camembert auf einer Omeletthälfte verteilen. Das Omelett zur Hälfte zuklappen und 3-4 Minuten braten bis der Käse geschmolzen ist.

Kürbis-Lauch-Quiche

Dauer: ca. 1 Stunde , 15 Minuten
Pro Stück: ca. 265 kcal, 1111 kJ, 11 g EW, 4 g KH, 22 g Fett

Zutaten für 12 Stücke:
50 g weiche Butter
2 EL Butter
150 g gemahlene Haselnusskerne
80 g Mandelmehl
Prise Salz und Pfeffer
5 Eier
400 g Butternusskürbis
400 g Lauch
Etwas Muskatnuss
120 g Ziegengouda
100 ml Schlagsahne
100 ml Milch

Zubereitung:

1. Den Ofen auf 175 Grad (Umluft 160 Grad) vorheizen. Eine eckige Backform (24 x 24 cm) oder eine Runde Form mit dem Ø 24 cm einfetten und mit Backpapier auslegen.
2. 50 g Butter zerlassen und in eine Schüssel geben. Nüsse, Mandelmehl, Salz und 2 Eier dazugeben und zu einem Teig verkneten.
3. Den Teig gleichmäßig in die Form geben und ca. 2 cm hoch den Rand drücken. In den Ofen im unteren Drittel auf einen Rost stellen und für 20 Minuten vorbacken.
4. Den Kürbis entkernen, schälen und in 2 cm breite Spalten schneiden. Lauch waschen und das hellgrüne in dünne Ringe schneiden. 1 ½ EL Butter zerlassen, Kürbis und Lauch darin 5 Minuten andünsten, mit Pfeffer, Salz und Muskat würzen und danach in eine Schüssel geben.
5. Den Käse grob raspeln, Sahne, die restlichen Eier, Milch, Salz, Pfeffer und Muskat vermischen. Lauch-Kürbis-Mischung und die Hälfte des Käses auf den vorgebackenen Boden geben. Den Eierguss darüber geben und verteilen. Mit dem restlichem Käse bestreuen und weitere 35-40 Minuten auf der untersten Schiene backen. In der Backform auf einem Gitter abkühlen lassen. Danach herauslösen, in Stücke schneiden und servieren.

Spinat-Wraps mit Frischkäse

Dauer: ca. 40 Minuten
Pro Wrap: ca. 271 kcal, 1138 kJ, 17 g EW, 9 g KH, 16 g Fett

Zutaten für 6 Wraps:
150 TK-Blattspinat (aufgetaut)
4 Eier
120 ml Milch
40 g Weizenkleie
Prise Salz und Pfeffer
Etwas Muskatnuss
4 Frühlingszwiebeln
200 g cremiger Feta
200 g körniger Frischkäse
¼ TL Chiliflocken
2 EL Öl
4 gegrillte rote Paprika (á 40 g, Glas)

Zubereitung:

1. In einen Messbecher Eier, 80 ml Milch, Weizenkleie und ausgedrückten Spinat geben und fein pürieren. Mit Salz, Pfeffer und Muskat würzen. 10 Minuten quellen lassen.
2. Frühlingszwiebeln in kleine Stücke schneiden. Frischkäse, Feta, übrige Milch und Chiliflocken vermischen.
3. In einer Pfanne mit ½ EL Öl erhitzen und ¼ der Spinatmischung in die Pfanne geben. Für 1-2 Minuten backen, dabei wenden und für weitere 1-2 Minuten backen. Auf einen Teller legen. Den Vorgang für weitere 3 Fladen wiederholen und abkühlen lassen.
4. Paprika abtrocknen und in Streifen schneiden. Die Fladen mit der Käsecreme bestreichen, die Paprikastreifen in die Mitte legen und die Fladen zu Wraps rollen. In Butterbrotpapier wickeln, die Enden zu drehen. Die Wraps vor dem Servieren mit einem Messer halbieren und servieren.

Grünkern-Buletten

Dauer: ca. 40 Minuten
Pro Portion: ca. 478 kcal, 2004 kJ, 17 g EW, 44 g KH, 23 g Fett

Zutaten für 2 Portionen:
250 ml Gemüsebrühe
80 g Grünkernschrot
1 Zwiebel
1 Möhre (100 g)
½ Bund Petersilie
½ TL Kreuzkümmel
1 EL Öl
1 Ei
2 EL Semmelbrösel
20 g geriebener Parmesan
Prise Salz und Pfeffer
2 EL Butterschmalz

Zubereitung:

1. Gemüsebrühe aufkochen, Grünkern dazugeben und für 20 Minuten garen. Zwiebel schälen und in Würfel schneiden. Möhre schälen und klein raspeln. Petersilienblättchen klein hacken. Kreuzkümmel ohne Fett in einer Pfanne rösten, bis er anfängt zu duften. Öl, Zwiebel und Möhrenraspel hinzugeben und mit dünsten, dann abkühlen lassen.
2. Grünkern weitergaren bis die Flüssigkeit komplett verdampft ist. Danach in eine Schüssel geben und abkühlen lassen. Zwiebelmischung, Ei, Semmelbrösel und Parmesan dazugeben und mit Salz und Pfeffer würzen. Alles gleichmäßig vermischen.
3. Butterschmalz in einer Pfanne erhitzen. Grünkernmasse mit den Händen zu 8 Frikadellen formen und direkt in die heiße Pfanne geben. Bei mittlere Hitze von jeder Seite 3-4 Minuten hellbraun braten. Auf Küchenpapier abtropfen lassen und sofort servieren.

Rotkohlsteaks

Dauer: ca. 45 Minuten
Pro Portion: ca. 539 kcal, 2258 kJ, 29 g EW, 17 g KH, 35 g Fett

Zutaten für 2 Portionen:
½ Rotkohl (500 g)
1 Sellerieknolle (800 g)
Prise Salz und Pfeffer
4 EL Öl
3 EL Sojasauce
2 TL Sesamsaat
3 Stiele glatte Petersilie
4 Eier
100 körniger Frischkäse
1-2 TL Zitronensaft

Zubereitung:

1. Den Backofen auf 220 Grad (Umluft 200 Grad) vorheizen. Den Rotkohl waschen und in 2 cm dicke Spalten schneiden. Auf eine Hälfte eines mit Backpapier belegten Blechs legen. Sellerie schälen und ebenfalls in 2 cm dicke Stücke schneiden. Auf die zweite Hälfte verteilen. Sellerie mit Pfeffer und Salz würzen und mit 1 EL Öl beträufeln.
2. Sesam, Sojasauce und 2 EL Öl verrühren und über den Rotkohl träufeln. Alles zusammen auf die mittlere Schiene des Ofens geben und für 30 Minuten garen.
3. Petersilienblätter klein hacken. 5 Minuten vor Ende der Gemüsegarzeit 1 EL Öl in einer Pfanne erhitzen. Eier darin nacheinander zu Spiegeleier braten.
4. Das Blech aus dem Ofen nehmen. Selleriestücke und Frischkäse in ein hohes Gefäß geben, mit Pfeffer, Salz und Zitronensaft würzen und fein pürieren. Mit dem Rotkohl und Spiegeleiern anrichten. Mit Petersilie bestreuen und sofort servieren.

Schwarzwurzeln mit Hollandaise

Dauer: ca. 1 Stunde 10 Minuten
Pro Portion: ca. 1106 kcal, 4634 kJ, 19 g EW, 9 g KH, 100 g Fett

Zutaten für 2 Portionen:
5 EL Weißweinessig
1 kg Schwarzwurzeln
Prise Salz
150 g Butter
100 g Baby-Spinat
½ Bund Kerbel
1 EL Kapern
Prise Pfeffer
4 EL Öl
3 Eier
2 Eigelbe
1 EL Schmand
2 TL körniger Senf

Zubereitung:

1. 1 Liter Wasser und 3 EL Essig in einer Schüssel mischen. Schwarzwurzeln waschen, schälen und sofort in das Essigwasser legen.
2. Den Ofen auf 180 Grad (Umluft 160 Grad) vorheizen. Schwarzwurzeln trocken tupfen und in ein Bratschlauch (40 cm Länge) geben. Die Wurzeln salzen. 15 g Butter in draufgeben. 4 EL Wasser hinzufügen und den Bratschlauch verschließen, einschneiden und auf ein Backblech geben. Das Blech auf die mittlere Schiene im Ofen geben und für 30 Minuten garen.
3. Spinat waschen, trocken schleudern. Kerbel abzupfen. Kapern abtropfen lassen. 2 EL Essig, 2 EL Wasser, etwas Salz, Pfeffer und Öl vermischen. Eier wachsweich kochen (ca. 5 Minuten), abschrecken, pellen und zur Seite stellen.

4. Die übrige Butter zerlassen und kurz aufkochen. Eigelbe, etwas Salz und Schmand in einen hohen Rührbecher geben und kurz pürieren. Während dem pürieren die die heiße Butter zur Eimischung geben. Senf untermischen, mit den Schwarzwurzeln und Eiern garnieren. Spinat, Kapern, Kerbel und Vinaigrette mischen und dazu servieren.

Wirsing-Tortilla-Pfanne

Dauer: ca. 30 Minuten
Pro Portion: ca. 600 kcal, 2509 kJ, 32 g EW, 14 g KH, 43 g Fett

Zutaten für 2 Portionen:
300 g TK-Wirsing (aufgetaut)
2 Zwiebeln
40 g getrocknete Tomaten in Öl
6 Eier
6 EL Milch
Prise Salz und Pfeffer
4 EL Öl
½ TL Paprikapulver, edelsüß
30 g geriebener Parmesan

Zubereitung:

1. Den Ofen auf 200 Grad (Umluft 180 Grad) vorheizen. Den Wirsing ausdrücken. Zwiebel schälen, halbieren und in Streifen schneiden. Tomaten waschen und würfeln. Eier mit Milch und Salz verquirlen.
2. Öl in eine ofenfeste Pfanne (22 cm Ø) erhitzen, die Zwiebeln darin glasig dünsten. Wirsing dazugeben und für 5 Minuten mitdünsten. Mit Salz, Paprikapulver und Pfeffer würzen. Tomaten untermengen. Eier über den Wirsing gießen und 1 Minute auf dem Herd stocken lassen. Mit Parmesan bestreuen und in den Ofen auf einem Rost auf der mittleren Schiene 10-15 Minuten stocken lassen.

3. Tortilla herausnehmen und 5 Minuten in der Pfanne abkühlen lassen. Aus der Pfanne lösen auf einen großen Teller gleiten lassen und servieren.

Blumenkohl Risotto mit Birne

Dauer: ca. 40 Minuten
Pro Portion: ca. 657 kcal, 2756 kJ, 16 g EW, 23 g KH, 51 g Fett

Zutaten für 2 Portionen:
1 Blumenkohl (800 g)
1 Zwiebel
1 Knoblauchzehe
4 EL Olivenöl
Prise Salz und Pfeffer
300 ml Gemüsebrühe
1 Birne
1 EL Zitronensaft
½ Radicchio
40 g Haselnussblättchen
½ EL Butter
3 EL Mascarpone

Zubereitung:

1. Blumenkohl waschen und in Röschen teilen. Röschen grob raspeln. Zwiebel und Knoblauch schälen und fein hacken.
2. 2 EL Olivenöl in einem Topf erhitzen, Zwiebeln und Knoblauch darin dünsten. Den Blumenkohl kurz mitdünsten. Mit Salz und Pfeffer würzen. Brühe dazugeben, aufkochen und 10-12 Minuten köcheln lassen.
3. Birne waschen, vierteln, entkernen und in Scheiben schneiden und mit Zitronensaft vermischen. Radicchio waschen, vierteln und in dünne Streifen schneiden. Nüsse in der Butter anrösten.

4. Mascarpone, 2/3 der Birnen und das Radicchio unter den Risotto heben. Nochmals nach würzen. Mit den übrigen Birnen, Radicchio und Nüssen garnieren und sofort servieren.

Kürbis-Pizza

Dauer: ca. 30 Minuten
Pro Stück (Bei 8): ca. 185 kcal, 777 kJ, 8 g EW, 6 g KH, 13 g Fett

Zutaten für 1 Blech
200 g Butternusskürbis
4-6 Cocktailtomaten
1 Pizzaboden
1 Portion Tomatensauce
2 EL Öl
Prise Salz und Pfeffer
150 g Ricotta
4 Stiele Basilikum
2 EL Olivenöl

Zubereitung:

1. Den Ofen auf 200 Grad (Umluft 180 Grad) vorheizen. Kürbis schälen, entkernen und in Scheiben schneiden.
2. Pizzaboden mit Tomatensauce bestreichen und mit Tomaten und Kürbis belegen. Pfeffer und Salz würzen und mit 1 EL Olivenöl beträufeln. Das Blech auf die mittlere Schiene geben und für 20 Minuten backen.
3. Ricotta sofort nach dem Backen auf der Pizza verteilen. Basilikumblätter abzupfen und darüberstreuen. Mit dem übrigen Olivenöl beträufeln und mit Pfeffer würzen.

Ofengemüse mit Feta

Dauer: ca. 40 Minuten
Pro Portion: ca. 702 kcal, 2940 kJ, 35 g EW, 16 g KH, 51 g Fett

Zutaten für 2 Portionen:
200 g Feta oder Tofu
1 Aubergine (300 g)
250 g Möhren
300 g Brokkoli
1 TL Currypulver
4 EL ÖL
Prise Salz
200 g körniger Frischkäse
4 EL Kürbiskernöl

Zubereitung:

1. Den Backofen auf 220 Grad (Umluft 200 Grad) vorheizen. Den Feta in kleine Würfel schneiden. Aubergine waschen und in Scheiben schneiden. Möhren schälen und längs halbieren. Brokkoli in Röschen schneiden.
2. Currypulver und Öl vermischen, die Hälfte davon auf ein mit Backpapier belegtes Backblech träufeln. Das Blech mit Salz bestreuen und die Auberginenscheiben darin wenden und danach auf dem Blech verteilen.
3. Das übrige Gemüse und Feta mit dem restlichem Curryöl und Salz in einer Schüssel vermischen und neben den Auberginenscheiben legen. Im vorgeheizten Ofen auf die mittlere Schiene für 30 Minuten braten.
4. Feta und Gemüse mit dem Frischkäse anrichten. Mit dem Kürbiskernöl beträufeln und sofort servieren.

Vegetarisch Grillen

Champignonspieße mit Honig-Aioli

Dauer: ca. 4 Stunden 35 Minuten
Pro Spieß: ca. 347 kcal, 1450 kJ, 4 g EW, 6 g KH, 33 g Fett

Zutaten für 6 Spieße:
24 kleine Champignons (ca. 500 g)
3 Knoblauchzehen
4 EL Bratöl
6 EL Sherry medium
1 EL Weißweinessig
1 Bund glatte Petersilie
5 Zweige Thymian
Prise Salz und schwarzer Pfeffer

Zutaten für das Aioli:
200 g Mayonnaise
1 TL mittelscharfer Senf
2 EL flüssiger Honig
4 Knoblauchzehen
2 TL Zitronensaft

Zubereitung:

1. Für die Spieße Champignons waschen und in eine flache Form geben. Knoblauch schälen und in feine Scheiben schneiden. Öl, Sherry und Essig in einer kleinen Schale vermischen. Petersilie und Thymian kalt abbrausen, trocken schütteln, Blättchen abzupfen und fein hacken. Beides mit je ½ TL Salz und Pfeffer in die Marinade geben. Champignons mit der Marinade vermischen. Form abdecken und mindestens 4 Stunden kühl stellen, dabei ab und zu umrühren.
2. Champignons aus der Marinade nehmen und je nach Größe ca. 4 Stück auf jeden Spießstecken. Restliche Marinade aufheben.
3. Für die Aioli Mayonnaise mit Senf und Honig vermischen. Knoblauch schälen und dazupressen. Zitronensaft untermischen

4. Beim Grillen: Spieße unter Wenden ca. 10-15 Minuten bei mittlere Hitze grillen, zwischendurch mit übriger Marinade einpinseln. Mit Aioli servieren.

Tipp: Die Spieße können je nach Belieben in eine Grillschale oder direkt auf den Grill gelegt werden.
Die Grillzeit kann je nach Grill sich ändern.

Gegrillte Süßkartoffelscheiben

Dauer: ca. 1 Stunde 5 Minuten
Pro Stück: ca. 347 kcal, 1450 kJ, 4 g EW, 6 g KH, 33 g Fett

Zutaten für 32 Scheiben:
3 mittlere Süßkartoffeln
4 EL Bratöl
150 ml Orangensaft
1 TL Chiliflocken,
1 TL gemahlener Kreuzkümmel
1 TL gemahlener Koriander

Für den Dip:
125 g Heidelbeeren
180 g Feta
200 g körniger Frischkäse
30 g rote Zwiebeln
1 Zweig Rosmarin
1 EL flüssiger Honig
1 EL Weißweinessig
Prise Salz und schwarzer Pfeffer

Zubereitung:

1. Heidelbeeren in ein Sieb geben, mit kaltem Wasser abspülen und abtropfen lassen. Feta in einer Schüssel mit der Gabel zerkrümeln. Frischkäse dazugeben, vermischen und dabei zerdrücken. Zwiebeln schälen und in kleine Würfel schneiden. Rosmarin, abwaschen, trocken schütteln, Nadeln abzupfen und fein hacken. Honig, Rosmarin, Essig, Heidelbeeren und Zwiebeln untermischen. Mit Pfeffer und Salz würzen und zur Seite stellen.
2. Süßkartoffeln schälen und quer in Scheiben schneiden (ca. 1 cm dick). Mit einem Küchenmesser auf beiden rautenförmig ca. 1 mm tief einschneiden. Öl mit Orangensaft, Koriander, Chiliflocken, Kreuzkümmel und mit einer Prise Salz und Pfeffer verrühren. Die Scheiben von beiden Seiten mit der Marinade einpinseln und in eine flache Form geben. Restliche Marinade darübergeben und die Scheiben ca. 1 Stunde ziehen lassen.
3. Beim Grillen: Süßkartoffeln unter Wenden ca. 20 Minuten bei mittlere Hitze grillen, bis sie weich und leichtgebräunt sind. In der Zwischenzeit mit der restlichen Marinade einpinseln. Auf Teller verteilen und mit dem Dip servieren.

Gegrillter Spargel mit Pecorino

Dauer: ca. 45 Minuten
Pro Portion: ca. 304 kcal, 1270 kJ, 11 g EW, 3 g KH, 28 g Fett

Zutaten für 4 Portionen:
500 g grüner Spargel
60 g Pinienkerne
70 g Pecorino Romano am Stück
2 EL Bratöl
4 EL Olivenöl
Prise schwarzer und Salz

Zubereitung:

1. Den Spargel waschen, die holzigen Enden abschneiden und schälen. Pinienkerne in einer Pfanne ohne Fett goldbraun rösten. Käse in dünne Scheiben reiben oder hobeln. Spargel rundherum mit Bratöl einpinseln.
2. Beim Grillen: Spargelstangen auf den Rost legen unter Wenden ca. 12 Minuten grillen. Vom Grill nehmen und auf eine Platte geben. Mit Olivenöl beträufeln. Mit grob gemahlenen Pfeffer und Salz würzen und mit Käse und Pinienkerne bestreuen und servieren.

Gegrillter Halloumi mit Chili-Salsa

Dauer: ca. 35 Minuten
Pro Scheibe: ca. 296 kcal, 1240 kJ, 19 g EW, 6 g KH, 22 g Fett

Zutaten für 6 Scheiben:
300 g Erdbeeren
15 g rote Zwiebeln
½ rote Chilischote
4 Stiele Basilikum
1 EL Olivenöl
3 EL dunkler Balsamico-Essig
1 EL flüssiger Honig
Prise Salz und schwarzer Pfeffer
2 Packungen Halloumi (á 200 g)

Zubereitung:

1. Für die Salsa Erdbeeren waschen und feine Würfel schneiden. Zwiebeln schälen und würfeln. Chili waschen, entkernen und ebenfalls in kleine Würfel schneiden. Basilikum waschen , trocken schütteln und Blätter abzupfen und in feine Streifen schneiden.
2. Alle Zutaten in eine Schüssel vermengen. Essig, Öl und Honig untermischen und mit Salz und Pfeffer abschmecken. Halloumi jeweils in 3 dicke Scheiben schneiden.
3. Beim Grillen: Halloumi ca. 3-4 Minuten bei mittlere Hitze von jeder Seite goldbraun grillen. Auf Teller verteilen und mit der Chili-Erdbeer-Basilikum-Salsa servieren.

Grillgemüse mit Honig-Marinade

Dauer: ca. 2 Stunden 25 Minuten
Pro Portion: ca. 169 kcal, 708 kJ, 3 g EW, 10 g KH, 13 g Fett

Zutaten für 4 Portionen:
400 g gelbe Paprika
600 g Auberginen

Für die Marinade:
3 EL dunkler Balsamico-Essig
1 EL flüssiger Honig
1 TL mittelscharfer Senf
1 Knoblauchzehe
6 EL Bratöl
½ TL Kräutersalz
Prise schwarzer Pfeffer
2 Zweige Thymian
2 Stiele glatte Petersilie
1 Zweig Rosmarin

Zubereitung:

1. Honig, Essig und Senf in einer Schale verrühren. Knoblauch schälen und dazupressen. Öl untermischen und mit Pfeffer und Kräutersalz würzen. Die Kräuter waschen , trocken schütteln, die Blätter von Petersilie und Thymian abzupfen und fein hacken. Rosmarinnadeln abzupfen und grob hacken. Kräuter unter die Marinade rühren.
2. Paprika waschen, halbieren, entkernen und die Hälften jeweils vierteln. Auberginen waschen und längs in ca. 1 cm dicke Scheiben schneiden. Gemüse zur Marinade geben darin wenden, bis alles überzogen ist. Für ca. 2 Stunden marinieren ggf. ab und zu wenden.
3. Beim Grillen: Marinierte Gemüsescheiben ggf. in einer Grillschale oder direkt auf dem Rost unter Wenden ca. 15 Minuten bei mittlere Hitze grillen.

Gegrillte Austernpilze mit Kräuter Butter

Dauer: ca. 30 Minuten
Pro Portion: ca. 331 kcal, 1390 kJ, 5 g EW, 4 g KH, 34 g Fett

Zutaten für 4 Portionen:
400 g Austernpilze
2 EL Bratöl
Prise schwarzer Pfeffer

Für die Kräuterbutter:
25 g Pinienkerne
20 g gemischte Kräuter z.B. Petersilie, Thymian, Majoran
1 Bio-Zitrone
1 Knoblauchzehe
125 g weiche Butter
Prise Salz

Zubereitung:

1. Für die Kräuterbutter Pinienkerne in einer Pfanne ohne Fett goldbraun rösten und grob hacken. Kräuter waschen und trocken schütteln. Blätter abzupfen und fein hacken. Zitrone heiß abwaschen, trocken reiben und 1 TL Schale fein abreiben. Knoblauch schälen.
2. Butter mit den Quirlen des Handrührers schaumig rühren. Knoblauch dazupressen und mit Kräutern, Pinienkerne und Schalenabrieb untermischen und mit Salz abschmecken.
3. In Frischhaltefolie geben, zu einer Rolle á Ø 4 cm rollen und kühl stellen.
4. Austernpilze mit feuchtem Tuch säubern, mit Öl einpinseln und mit Salz und Pfeffer würzen.
5. Beim Grillen: Pilze ggf. in Grillschale legen und von jeder Seite ca. 4 Minuten bei hoher Hitze grillen. Pilze auf Teller verteilen, darübergeben und sofort servieren.

Tofu-Zucchini-Spieße

Dauer: ca. 25 Minuten
Pro Spieß: ca. 100 kcal, 424 kJ, 9 g EW, 6 g KH, 4 g Fett

Zutaten für 6 Spieße:
6 Holzspieße
4 EL Sojasauce
2 EL flüssiger Honig
2 TL Kokosöl
300 g Tofu natur
1 Zucchini

Zubereitung:

1. Holzspieße für 20 Minuten in kaltes Wasser einweichen. Sojasauce, Kokosöl und Honig in einem Topf verrühren und leicht erhitzen, bis sich alles gut vermischt hat.
2. Den Tofu in mundgerechte Würfel schneiden. Zucchini waschen und längs halbieren und ebenfalls in mundgerechte Stücke schneiden.
3. Tofu und Zucchini abwechselnd auf 6 Spieße stecken. Von beiden Seiten mit der Marinade bepinseln und in eine Auflaufform geben. Die übrige Marinade über die Spieße beträufeln und 30 Minuten einziehen lassen.
4. Die Spieße auf dem heißen Grill von jeder Seite 3-5 Minuten grillen und servieren.

Rhabarber-Zucchini-Spieße

Dauer: ca. 35 Minuten
Pro Spieß: ca. 589 kcal, 26 g EW, 13 g KH, 46 g Fett

Zutaten für 4-5 Spieße:
3 Zucchini
Prise Salz und Pfeffer
2 Stangen Rhabarber
500 g Feta
2 Knoblauchzehen
2 Zweige Rosmarin
3 EL Ahornsirup
4 EL Olivenöl
60 g Mandeln
1 Handvoll Basilikum

Zubereitung:

1. Zucchini waschen und längs in dünne Scheiben schneiden. Die Scheiben auf ein Blech legen. Mit Salz und Pfeffer würzen und für 5 Minuten einziehen lassen.
2. Rhabarber in 5 cm lange Streifen schneiden und im kochendem Salzwasser 2 Minuten kochen. Danach herausnehmen und kalt abschrecken.
3. Den Feta in mundgerechte Stücke schneiden. Mit Zucchinischeiben umwickeln. Rhabarber und Zucchini-Feta Rollen abwechselnd auf die Spieße stecken.
4. Knoblauchzehen schälen und pressen. Rosmarin waschen, trocken schütteln und die Nadeln zupfen. Knoblauch, Ahornsirup, Olivenöl und Rosmarinnadeln vermischen. Mit Pfeffer und Salz würzen und über die Spieße gießen. Für ca. 35 Minuten ziehen lassen.
5. Die Spieße aus der Marinade nehmen und von jeder Seite etwa 3-4 Minuten grillen. Mit gehackten Mandeln und Basilikum die Spieße garnieren und sofort servieren.

Gegrillte Tortilla

Dauer: ca. 25 Minuten
Pro Portion: ca. 783 kcal, 31 g EW, 77 g KH, 37 g Fett

Zutaten für 4 Portionen:
2 Tomaten
1 rote Chili
1 gelbe Paprika
3 Frühlingszwiebeln
1 Handvoll Koriander
80 g Mais aus der Dose, abgetropft
Prise Salz und Pfeffer
1 Avocado
1 Limette
2 EL Olivenöl
6 Tortillas
300 g Gouda, gerieben

Zubereitung:

1. Tomaten, Frühlingszwiebeln, Chili, Paprika und Koriander waschen. Paprika und Tomaten vierteln, entkernen und in kleine Würfel schneiden. Chili und Frühlingszwiebeln in dünne Ringe schneiden. Halbes Handvoll Koriander grob hacken. Das Gemüse mit dem Mais vermischen und mit etwas Salz abschmecken.
2. Avocado schälen, entkernen und in Stücke schneiden. Avocado mit Limettensaft und Olivenöl fein pürieren. Mit Salz und Pfeffer würzen.
3. Die Tortilla auf dem Grill legen und von beiden Seiten etwa 1-2 Minuten grillen. Danach den Käse und das vorbereitete Gemüse auf die Tortillas verteilen und danach vorsichtig zusammenklappen. Die Tortillas andrücken und noch etwa 2-3 Minuten weitergrillen. Dabei einmal wenden und darauf achten, dass sie nicht zu dunkel werden. Die Tortillas aufschneiden und mit der Avocado-Creme und dem übrigen Koriander garnieren und sofort servieren.

Veggie-Burger

Dauer: ca. 40 Minuten
Pro Portion: ca. 1383 kcal, 31 g EW, 95 g KH, 93 g Fett

Zutaten für 4 Personen:
100 g Couscous
1 Knolle Rote Bete, vorgekocht
130 g Weise Riesenbohnen
70 g Walnüsse
Prise Salz und Pfeffer
2 EL Öl
160 g Cheddar (Scheiben)
4 Hamburger Brötchen
200 ml Salat- Mayonnaise
½ Bund Schnittlauch
2 rote Zwiebeln
2 Avocados
130 g Rucola
130 g Süßkartoffelchips

Zubereitung:

1. Den Couscous nach Packungsanleitung kochen. Rote Bete fein rieben und dazugeben. Bohnen abgießen, fein pürieren und ebenfalls dazugeben. Walnüsse klein hacken und untermischen. Mit Pfeffer und Salz abschmecken.
2. Aus der Masse etwas vier Hamburger-Patties formen und mit Öl einreiben. Die Patties von jeder Seite etwa 3 bis 4 Minuten bei niedriger Hitze grillen. Gegen Ende der Zeit die Cheddar-Scheiben auf die Patties legen.
3. Die Mayonnaise mit gehacktem Schnittlauch vermischen. Avocados und Zwiebeln schälen und feine Streifen schneiden. Die Burger mit Rucola, Süßkartoffelchips, Avocado, Zwiebeln und Mayonnaise belegen.

Vegetarische Salate

Nudelsalat mit Kräuter-Dressing

Dauer: ca. 50 Minuten
Pro Portion: ca. 244 kcal, 1020 kJ, 11 g EW, 25 g KH, 11 g Fett

Zutaten für 8 Portionen:
150 g kurze Nudeln (Gabelspaghetti)
Prise Salz
150 g TK-Erbsen
4 Eier
1 Bund Radieschen (ca. 300 g)
200 g Möhren
350 g Kohlrabi
75 g Lauchzwiebeln

Für das Dressing:
450 g Naturjoghurt
100 g Schmand
30 ml Milch
2 TL mittelscharfer Senf
1 ½ EL heller Balsamico-Essig
1 EL Olivenöl
½ -1 EL flüssiger Honig
1 Bund Dill (ca. 20 g)
½ Bund glatte Petersilie (ca. 10 g)
Prise schwarzer Pfeffer

Zubereitung:

1. Nudeln nach Packungsanleitung in Salzwasser al dente garen. Erbsen 2 Minuten vor Ende der Garzeit dazugeben und im Nudelwasser blanchieren. Beides im Sieb abgießen, kalt abschrecken, abtropfen und abkühlen lassen.
2. Eier ca. 10 Minuten hart kochen, kalt abschrecken, pellen und in kleine Würfel schneiden. Radieschen waschen und in dünne Scheiben schneiden. Kohlrabi und Möhren waschen, schälen und ebenfalls in dünne Scheiben schneiden. Lauchzwiebeln waschen und in dünne Ringe schneiden. Gemüse zusammen mit Nudeln in eine Schüssel geben und gut vermischen.
3. Für das Dressing Joghurt, Milch und Schmand verrühren. Essig, Senf, Honig und Öl untermengen. Petersilie und Dill waschen , trocken schütteln, Spitzen bzw. Blätter abzupfen, fein hacken und untermengen. Mit Pfeffer und Salz abschmecken.
4. Das Dressing mit ca. 2/3 der Eierwürfel und den restlichen Salatzutaten vermischen, nochmals mir Pfeffer und Salz abschmecken.
5. Kurz vor dem Servieren mit den übrigen Eierwürfel bestreuen und nach Belieben mit Dill garnieren.

Nudelsalat mit Spargel

Dauer: ca. 35 Minuten
Pro Portion: ca. 453 kcal, 9 g EW, 36 g KH, 29 g Fett

Zutaten für 4 Portionen:
350 g Fusilli Nudeln
Prise Salz und Pfeffer
1 Knoblauchzehe
2 rote Zwiebeln
2 EL Olivenöl
150 g Sonnenmais
1 EL Paprikapulver
2-3 EL helles Balsamico-Essig
2 Bund grüner Spargel
250 g Cocktailtomaten
1 Bund Schnittlauch
200 ml Salat-Mayonnaise

Zubereitung:

1. Die Nudeln nach Packungsanleitung in Salzwasser kochen. Den Spargel waschen, die Enden abschneiden und für 8 Minuten in Salzwasser garen. Herausnehmen, abschrecken und in mundgerechte Stücke schneiden. Zwiebeln und Knoblauch schälen und klein schneiden. Die Cockteiltomaten waschen und halbieren. Den Schnittlauch ebenfalls waschen und klein hacken.
2. Das Olivenöl in einer Pfanne erhitzen und Zwiebel, Knoblauch und Cocktailtomaten darin für 2 Minuten anbraten. Danach das zu den Nudeln geben. Anschließend Spargel, Mais, Mayonnaise, Paprikapulver und Schnittlauch dazugeben. Mit Pfeffer, Salz und Essig würzen und alles gut miteinander vermischen.

Kopfsalat mit Ricotta-Nocken

Dauer: ca. 1 Stunde
Pro Portion: ca. 515 kcal, 2160 kJ, 26 g EW, 40 g KH, 28 g Fett

Zutaten für 4 Portionen:
100 g grüne Linsen
1 Lorbeerblatt
1 Bund Radieschen (ca. 300 g)
2 EL Bratöl
1 TL Ahornsirup
Prise Salz und schwarzer Pfeffer
50 g Kürbiskerne
1 Kopfsalat oder Lollo bianco

Für das Dressing:
40 g Schlotten
2 EL Limettensaft
2 ½ EL Tahin
1 ½ EL Ahornsirup
1 ½ EL Olivenöl

Für die Nocken:
250 g Ricotta
1 Ei
100 g Hartweizengrieß
2 Bund Schnittlauch (ca. 40 g)

Zubereitung:

1. Backofen auf 200 Grad vorheizen. Den Salat verlesen, waschen und trocken schleudern und in mundgerechte Stücke zupfen. Die Linsen nach Packungsanleitung und zusammen mit dem Lorbeerblatt ca. 15-20 Minuten garen. Im Sieb abgießen und etwas abkühlen lassen.
2. Radieschen waschen, je nach Größe halbieren oder vierteln, in eine Auflaufform geben und mit Bratöl und Ahornsirup vermengen. Mit Pfeffer und Salz würzen und für ca. 20 Minuten backen. Dabei zwischendurch einmal umrühren.
3. Die Kürbiskerne in einer Pfanne ohne fett rösten, bis sie leicht duften. Aus der Pfanne nehmen und fein hacken.
4. Für das Dressing Schalotten schälen, würfeln und mit Limettensaft, Tahin, Ahornsirup und Olivenöl vermischen. Mit 3-4 EL Wasser verdünnen und mit Pfeffer und Salz abschmecken.
5. Für die Nocken: Salzwasser zum Kochen bringen. Ricotta und Ei mit dem Schneebesen glatt rühren. 1 TL Pfeffer, Salz und Hartweizengrieß unterrühren. Aus der Ricotta-Grieß-Masse mithilfe von 2 Teelöffel nach und nach ca. 24 Nocken formen und ins siedende Wasser geben. Die Nocken darin gar ziehen lassen, bis sie an der Oberfläche schwimmen, mit einer Schaumkelle herausnehmen und im Sieb abtropfen lassen. Den Schnittlauch waschen, trocken schütteln und in dünne Ringe schneiden und in einen tiefen Teller geben. Die gar gezogenen Nocken im Schnittlauch wälzen.
6. Die Salatblätter auf 4 Teller verteilen, Linsen und gebackene Radieschen darüber verteilen und mit dem Dressing beträufeln. Je 6 Nocken und Kürbiskerne darüber streuen und servieren.

Lauwarmer Gemüsesalat

Dauer: ca. 45 Minuten
Pro Portion: ca. 340 kcal, 1420 kJ, 8 g EW, 16 g KH, 27 g Fett

Zutaten für 4 Portionen:
250 g Blattspinat
250 g Möhren
250 g aufgetaute grüne TK-Bohnen
175 g Mungobohnensprossen

Für das Dressing:
70 g Kokosraspel
1 Dose Kokosmilch á 200 ml
70 g Schalotten
2 Knoblauchzehen
1 große rote Chilischote
1-2 Bio-Limetten
1 EL Kokosöl oder Bratöl
1 TL Rohrohrzucker oder Palmzucker
Prise Salz
Etwas Chilipulver
2 EL milde Sojasauce z.B. Shoyu

Zubereitung:

1. Spinat waschen, abtropfen lassen und quer in 2 cm breite Streifen schneiden, Salzwasser in einen Topf zum Kochen bringen. Möhren schälen und mit Julienneschneider in feinen Streifen abziehen. Bohnen in kochendes Wasser geben und ca. 3 Minuten blanchieren.
2. Möhren dazugeben und für weitere 3 Minuten blanchieren. Spinat dazugeben und zusammenfallen lassen. Gemüse im Sieb abgießen und etwas abtropfen lassen. Die Sprossen unter die Kokosmischung rühren, Gemüse dazugeben und alles vermischen. Den Salat mit Salz und ggf. Limettensaft abschmecken.
3. Für das Dressing Kokosraspeln mit Kokosmilch vermischen. Schalotten und Knoblauch schälen und fein würfeln. Chili

waschen, längs halbieren, entkernen und ebenfalls fein würfeln. 1 Limette heiß abwaschen, trocken reiben und Schale fein abreiben. Saft auspressen und zur Seite stellen.

4. Öl in großer Pfanne erhitzen und Schalotten, Knoblauch und Chili darin ca. 3 Minuten bei mittlere Hitze anschwitzen. Kokosraspelmischung und Zucker dazugeben und unter gelegentlichem Rühren ca. 5 Minuten bei mittlere Hitze anschwitzen. Mischung in eine große Schüssel geben, Schalenabrieb unterrühren und mit Salz und Chilipulver würzen.

Lauwarmer Spargelsalat

Dauer: ca. 30 Minuten
Pro Portion: ca. 270 kcal, 6 g EW, 10 g KH, 22 g Fett

Zutaten für 4 Portionen:
1 Karotte
200 g Knollensellerie
Prise Salz
7 EL Olivenöl
1 EL Weißweinessig
2 EL Limettensaft
1 EL Puderzucker
Etwas grober Pfeffer
½ Knoblauchzehe
1 Schalotte
800 g weißer Spargel
Prise Zucker
1 Spritzer Zitronensaft
Etwas Schnittlauch
100 g Babyspinat

Zubereitung:

1. Karotte und Sellerie fein würfeln und in kochendem Salzwasser blanchieren. In kaltem Wasser abschrecken.
2. 6 EL Öl, Essig, Limettensaft, Zucker, Salz und Pfeffer mit einem Schneebesen vermischen. Knoblauch und Schalotte fein würfeln, in 1 EL Öl goldbraun rösten und zur Vinaigrette geben.
3. Spargel schälen, die Enden entfernen. Mit Wasser, Salz, Zucker und Zitronensaft aufkochen. 1 Minute kochen. Hitze reduzieren und 4-6 Minuten ziehen lassen, bis er Spargel bissfest ist. Stangen herausheben, längs halbieren und in Rauten schneiden.
4. Spargel mit Vinaigrette und Gemüsewürfeln anmachen. Fein geschnittenen Schnittlauch und Babyspinat unterheben.

Couscous-Salat mit Blumenkohl

Dauer 35 Minuten
Pro Portion: ca. 458 kcal, 1920 kJ, 14 g EW, 57 g KH, 19 g Fett

Zutaten für 4 Portionen:
900 g Blumenkohl
600 g Möhren
2 EL Bratöl
Prise Salz und schwarzer Pfeffer
250 ml Gemüsebrühe
200 g Couscous oder Bulgur
50 g Lauchzwiebeln
50 g Sonnenblumenkerne
4 EL Olivenöl
4 EL Weißweinessig
2 EL Ahornsirup
Backpapier

Zubereitung:

1. Den Backofen auf 200 Grad vorheizen. Blumenkohl waschen, in kleine Röschen zerteilen und abtropfen lassen und in eine Schüssel geben. Möhren schälen und in Scheiben schneiden und zum Blumenkohl geben. Gemüse mit Bratöl, Salz und Pfeffer vermischen und auf mit Backpapier belegtem Backblech verteilen. Ca. 25 Minuten im Ofen garen.
2. In der Zwischenzeit brühe aufkochen, Topf vom Herd nehmen, Couscous einrühren und ca. 15 Minuten quellen lassen. Lauchzwiebeln waschen und in feine Ringe schneiden. 2 EL der grünen Ringe für die Garnitur zur Seite stellen. Sonnenblumenkerne in einer Pfanne ohne Fett hellbraun rösten. Für das Dressing Olivenöl mit Essig und Ahornsirup vermischen. Mit etwas Pfeffer und Salz abschmecken.
3. Das heiße Gemüse, Couscous und Lauchzwiebelringe in einer große Schüssel vermischen, Dressing unterrühren und mit Pfeffer und Salz abschmecken. Salat auf Teller aufteilen und mit Lauchzwiebelringen und Sonnenblumenkernen bestreuen und servieren.

Bulgursalat

Dauer 35 Minuten
Pro Portion: ca. 244 kcal, 1020 kJ, 4 g EW, 26 g KH, 12 g Fett

Zutaten für 6 Portionen
1 Zwiebel
1 Knoblauchzehe
2 EL Bratöl
200 g Bulgur
1 TL Tomatenmark
400 ml Gemüsebrühe
½ Salatgurke
300 g Tomaten
Prise Salz
1 Bio-Zitrone
Prise Chiliflocken
5 EL Olivenöl
1 Bund glatter Petersilie
1 Römersalatherz

Zubereitung:

1. Zwiebel und Knoblauch in kleine Würfel schneiden und in einem Topf mit Bratöl glasig dünsten. Bulgur und Tomatenmark kurz mitdünsten. Gemüsebrühe dazu gießen, aufkochen und alles zugedeckt beiseitestellen. Für 10 Minuten quellen lassen.
2. Salatgurke schälen, längs halbieren und kleine Würfel schneiden. Tomaten waschen und ebenfalls in kleine Würfel schneiden.
3. Bulgur mit einer Gabel auflockern und in einer Schüssel mit Salz, 1 TL fein abgeriebener Zitronenschale und 3 EL ausgepresster Zitronensaft und eine Prise Chiliflocken würzen und abkühlen lassen. Gurken und Tomatenwürfel mit Olivenöl vermischen.
4. Blättchen von der Petersilie fein hacken. Die Römersalatherzen waschen und in mundgerechte Stücke schneiden. Zusammen mit der Petersilie kurz vor dem Servieren noch einmal den Salat mischen.

Linsen-Gemüse-Salat

Dauer 30 Minuten
Pro Portion: ca. 400 kcal, 1680 kJ, 18 g EW, 42 g KH, 14 g Fett

Zutaten für 2 Portionen:
1 Dose braune Linsen (400 g)
200 g Möhren
100 g Salatgurke
4 Aprikosen
½ Eisbergsalat
50 g geröstete und gesalzene Erdnusskerne
2 EL Öl
2-3 EL süß-scharfe Chilisauce
1 EL Zitronensaft
Prise Salz und Pfeffer

Zubereitung:

1. Linsen abspülen und abtropfen lassen. Möhren schälen und grob raspeln. Gurke waschen und längs halbieren und in kleine Würfel schneiden. Aprikosen halbieren, entkernen und in Spalten schneiden.
2. Salat waschen, trocken schleudern und in mundgerechte Stücke schneiden. Alle Zutaten in einer Schüssel vermischen.
3. Erdnüsse grob hacken. Öl, Zitronensaft, Chilisauce, Salz und Pfeffer verrühren und über den Salat geben. Mit Erdnüssen und bestreuen und sofort servieren.

Asiatischer Spargelsalat

Dauer 30 Minuten
Pro Portion: ca. 656 kcal, 2747 kJ, 32 g EW, 72 g KH, 24 g Fett

Zutaten für 2 Portionen:
150 g Glasnudeln
500 g grüner Spargel
1 Schalotte
1 Knoblauchzehe
20 g Ingwer
1 rote Chilischote
2 EL Öl
3 EL Weißweinessig
Etwas Zucker
Prise Salz und Pfeffer
8 Stiele Koriandergrün
Einige gesalzene Erdnüsse zum garnieren

Zubereitung:

1. Glasnudeln nach Packungsanleitung garen und abtropfen lassen. Spargel schälen und die Enden abschneiden, danach in kleine Stücke schneiden. Knoblauch, Ingwer und Schalotte schälen und in kleine Würfel schneiden. Chili waschen, entkernen und ebenfalls in kleine Würfel schneiden.
2. Öl in einer Pfanne erhitzen, Knoblauch, Ingwer, Schalotte darin bei mittlere Hitze glasig dünsten. Die Spargelstücke dazugeben und für 5 Minuten unter gelegentlichem Rühren anbraten. Essig, 50 ml Wasser, Prise Zucker dazugeben. Mit Pfeffer und Salz abschmecken und in eine Schüssel geben.
3. Korianderblättchen von den Stielen abzupfen und grob hacken. Erdnüsse ebenfalls grob hacken. Glasnudeln, Koriandergrün und Erdnüsse zum Gemüse geben. Alles gut vermischen und sofort servieren.

Bohnensalat mit Schafskäse

Dauer 1 Stunde 30 Minuten
Pro Portion: ca. 330 kcal, 1380 kJ, 18 g EW, 26 g KH, 17 g Fett

Zutaten für 4 Portionen:
150 g getrocknete schwarze oder rote Bohnen
1 kleiner Chinakohl
1 rote Paprikaschote
2 Zwiebeln
150 g Schafskäse
5 EL Kräuteressig
Prise Salz und Pfeffer
Prise Zucker
4 EL Olivenöl

Zubereitung:

1. Bohnen waschen, in kaltem Wasser einweichen und zugedeckt über Nacht im Kühlschrank stehen lassen. Bohnen am nächsten Tag im Einweichwasser aufkochen. Zugedeckt bei schwacher Hitze ca. 1 Stunde köcheln. In ein Sieb schütten, abtropfen und abkühlen lassen.
2. Chinakohl und Paprikaschote klein schneiden. Zwiebeln in Streifen schneiden. Den Käse in kleine Würfel schneiden.
3. Essig mit Salz, Pfeffer und Zucker abschmecken. Das Olivenöl darunter mischen. Bohnen, Chinakohl, Paprika und Zwiebeln in der Marinade wenden. Nochmals abschmecken und den Schafskäse untermischen.

Tortellini-Tomaten-Salat

Dauer ca. 20 Minuten
Pro Portion: ca. 370 kcal, 1550 kJ, 12 g EW, 45 g KH, 15 g Fett

Zutaten für 4 Portionen:
500 g Tortellini Ricotta & Spinat
Prise Salz und Pfeffer
350 g Tomaten
4 Lauchzwiebeln
4 Stiele Basilikum
4 EL Weißweinessig
3 TL Basilikum-Pesto
3-4 EL Olivenöl
75 g kleine schwarze Oliven

Zubereitung:

1. Tortellini in kochendem Salzwasser nach Packungsanleitung zubereiten, auf einem Sieb abgießen und abtropfen lassen.
2. In der Zwischenzeit die Tomaten waschen und würfeln. Die Lauchzwiebeln waschen und in dünne Ringe schneiden. Basilikum waschen, trocken schütteln und die Blättchen von 3 Stielen in dünne Streifen schneiden.
3. Essig und Pesto vermischen. Das Öl darunterschlagen. Tortellini, Tomaten, Oliven, Basilikumstreifen und Pesto-Vinaigrette mischen. Salat mit Salz und Pfeffer abschmecken. Salat anrichten und mit übrigen Basilikumblättchen garnieren.

Gebäck und Desserts

Hefelblume mit Mandel-Marzipan-Füllung

Dauer: ca. 2 Stunden 15 Minuten
Pro Stück (bei 16 Stücken): ca. 331 kcal, 1390 kJ, 10 g EW, 34 g KH, 17 g Fett

Zutaten für ca. 16 Stücke
250 ml Milch
100 g Butter
1 Würfel Hefe (á 42 g)
5 EL Rohrohrzucker
1 Messerspitze Salz
500 g Weizenmehl Type 405

Für die Füllung:
1 Bio-Orange
200 g Marzipan
200 g geröstete, gemahlene Mandeln
150 ml Milch
1 ½ TL Zimt

Außerdem:
Mehl für die Arbeitsfläche
Backpapier
Schüssel oder Teller á Ø 11 cm
Milch zum Bestreichen
Puderzucker für die Garnitur

Zubereitung:

1. Für den Teig Milch in einem Topf erhitzen. Butter darin zerlassen und alles lauwarm abkühlen lassen. Hefe in einer Teigschüssel zerbröseln. Die Abgekühlte Milch und 1 EL Zucker dazugeben und alles mit dem Schneebesen glatt rühren, bis die Hefe sich aufgelöst hat. Danach ca. 15 Minuten ruhen lassen. Mehl und Salz dazugeben und die restliche 4 EL Zucker untermengen. Alles mit den Knethaken des Handrührers, dann mit den Händen zu einem gleichmäßigen Teig verkneten. Den Teig zu einem Ball formen und abgedeckt an einem warmen Ort ca. 50 Minuten ziehen lassen.
2. In der Zwischenzeit für die Füllung die Orange heiß waschen, trocken reiben und 1 EL Schale fein abreiben. Marzipan grob in eine Teigschüssel reiben. Mandeln, Milch, Zimt und Schalenabrieb dazugeben. Mit den Quirlen des Handrührers zu einer streichfähigen Masse verarbeiten.
3. Den Backofen auf 180 Grad vorheizen. Den Teig nochmals kurz durchkneten, halbieren und die Hälften auf bemehlter Arbeitsfläche jeweils zu einem ca. Ø 30 cm großen Kreis ausrollen 1. Kreis auf mit Backpapier belegtes Backblech legen. Marzipanmasse gleichmäßig darauf verteilen, mit einem Teigschaber glatt streichen, dabei jedoch 1 cm Rand frei lassen. Den 2. Teigkreis darauflegen und rundherum mit einer Gabel festdrücken. Eine kleine Schüssel á ca. Ø 11 cm mittig auf den Teig setzten und etwa 0,5 cm tief eindrücken. Teig rundherum bis zum Rand der Schüssel so einschneiden, dass insgesamt 16 Blütenblätter entstehen. Schüssel entfernen.
4. Jedes Blatt vorsichtig um 90 Grad drehen, sodass die Füllung nach oben zeigt, dabei mit den Händen etwas nachformen und die Öffnung mit der Füllung etwas in die Breite drücken. Die Hefeblume mit etwas Milch bestreichen und ca. 35 Minuten backen, ggf. nach 25 Minuten mit Backpapier abdecken. Auf Wunsch mit Puderzucker bestreuen und am besten frisch servieren.

Crostini mit Erbsen-Hummus

Dauer: ca. 25 Minuten
Pro Stück: ca. 94 kcal, 392 kJ, 3 g EW, 11 g KH, 4 g Fett

Zutaten für ca. 16 Stück
300 TK-erbsen
Prise Salz
1 Knoblauchzehe
½ Bund glatte Petersilie (ca. 10 g)
2 Zweige Minze
1 Bio-Zitrone
2 EL Tahin (Sesammus)
1 TL gemahlener Kreuzkümmel
½ TL Chiliflocken
2 EL Olivenöl
Prise schwarzer Pfeffer
16 Scheiben Baguette
2 EL Bratöl
Zum garnieren etwas Sesam, Chiliflocken, glatte Petersilie

Zubereitung:

1. Die Erbsen in 400 ml Salzwasser für 3 Minuten gar kochen. Im Sieb abgießen, kalt abbrausen und abtropfen lassen. Backofen auf 180 Grad vorheizen.
2. Knoblauch schälen und grob würfeln. Kräuter abbrausen, trocken schütteln und Blätter abzupfen. Zitrone heiß abwaschen, trocknen reiben, 1 TL Schale fein abreiben und ca. 2 ½ EL Saft auspressen. Knoblauch, Petersilie, Erbsen und Minze in hohen Mixbehälter geben. Zitronensaft und Schalenabrieb sowie Tahin, Kreuzkümmel, Chiliflocken und Olivenöl zufügen. Alles mit dem Stabmixer cremig pürieren. Mit Pfeffer und Salz würzen.
3. Baguettescheiben auf ein mit Backpapier belegtes Backblech legen und mit Bratöl beträufeln. Mit Pfeffer und Salz würzen und ca. 10-12 Minuten backen.
4. Crostini dick mit Erbsen-Hummus bestreichen und auf Wunsch mit Chiliflocken, Sesam und Petersilie garnieren und servieren.

Low Carb Brot (Cloud Bread)

Dauer: ca. 45 Minuten

Zutaten für ein Low Carb Brot
3 Eier (Eigelbe vom Eiweiße trennen!)
Prise Salz
1 TL Weißweinessig
100 g Frischkäse
1 TL Weinstein-Backpulver
Etwas Chiliflocken

Zubereitung:

1. Die Eier trennen. Eiweiße mit einer Prise Salz und Weißweinessig mit den Quirlen des Handrührers steif schlagen. Eigelbe und Frischkäse separat mit dem Quirlen des Handrührgeräts glatt rühren. Weinstein-Backpulver darüber sieben und unterrühren.
2. Eischnee nach und nach unterheben. Mit einem Esslöffel auf 2 mit Backpapier belegte Bleche jeweils 4 Häufchen Teig setzen und zu ca. Ø 10 cm großen Kreisen ausstreichen. Mit Chiliflocken bestreuen.
3. Bei 125 Grad Umluft ca. 30 Minuten backen. Das Brot vorsichtig vom Backpapier lösen, damit es nicht zerreißt.

Spinatflan mit Kokosschaum

Dauer ca. 1 Stunde 15 Minuten
Pro Portion: ca. 371 kcal, 1550 kJ, 9 g EW, 8 g KH, 34 g Fett

Zutaten für 4 Portionen:
200 g Babyspinat
60 g Zwiebeln
2 EL Bratöl
100 ml Gemüsebrühe
1 haselnussgroßes Stück Ingwer
½ Knoblauchzehe
200 g Créme fraiche
2 Eier
Prise schwarzer Pfeffer

Für den Kokosschaum:
150 ml fettarme Milch
50 g Kokosraspel
20 g Kokosflocken
Etwas Butter für die Förmchen

Zubereitung:

1. Spinat waschen, trocken schütteln, einige Blätter für die Garnitur beiseitelegen. Zwiebel schälen und würfeln. Öl in einer Topf erhitzen und Zwiebeln darin bei mittlere Hitze ca. 2 Minuten anschwitzen. Spinat und Brühe dazugeben und ca. 3 Minuten bei niedriger Hitze zusammenfallen lassen. Spinat samt Garflüssigkeit in einen Mixbehälter geben. Ingwer und Knoblauch schälen, klein würfeln und zum Spinat geben. Alles fein pürieren.
2. Den Backofen auf 160 Grad vorheizen. Die Förmchen einfetten. Creme fraiche und Eier in einer Schüssel verquirlen. Spinatpüree unterrühren, sodass alles gut vermischt ist. Die Masse mit Salz und Pfeffer abschmecken. Förmchen in eine Auflaufform stellen und mit der Masse füllen. Kochendes Wasser in die Auflaufform gießen, bis die Förmchen zu etwa 2/3 im Wasserbad stehen. Im unteren Backofendrittel ca. 40-45 Minuten garen. Aus dem Ofen nehmen und 5 Minuten ruhen lassen.
3. In der Zwischenzeit Milch mit Kokosraspeln in einen Topf geben, aufkochen und auf ausgeschalteter Herdplatte 15 Minuten ziehen lassen. Kokosflocken in einer Pfanne ohne Fett anbräunen. Kokosmilch durch ein Sieb gießen, Milch auffangen, dabei Raspel gut ausdrücken. Mit Pfeffer und Salz abschmecken. Die Flans mit einem spitzen Messer aus der Form lösen und auf Teller verteilen. Kokosmilch mit dem Pürierstab schaumig pürieren. Kokosschaum über die Spinatflans geben und mit Spinatblätter garnieren und sofort servieren.

Bananenmuffins mit Erdnuss-Glasur

Dauer: ca. 1 Stunde 30 Minuten
Pro Stück: ca. 294 kcal, 1230 kJ, 9 g EW, 23 g KH, 18 g Fett

Zutaten für 12 Stück:
80 g geröstete und gesalzene Erdnüsse
200 g Dinkelmehl Type 630
2 gestrichene TL Weinstein-Backpulver
1 gestrichener TL Natron
1 Messerspitze Bourbon-Vanillepulver
500 g reife Bananen
1 Ei
80 g Bratöl
200 ml Buttermilch

Für die Glasur:
125 g Erdnussmus
2 ½ EL Apfel- oder Birnendicksaft
125 g Frischkäse

Außerdem:
12 Muffinförmchen
Spritzbeutel mit Sterntülle
12er- Muffinform

Zubereitung:

1. Den Backofen auf 180 Grad vorheizen. Förmchen in die Mulden der Muffinform setzten. Erdnüsse fein hacken. Backpulver, Mehl, Natron und Vanille in einer Schüssel mischen. Bananen schälen und mit einer Gabel zerdrücken. Öl, Ei, Bananen und Buttermilch zur Mehlmischung geben und mit den Knethaken des Handrührers kurz zu einem gleichmäßigen Teig vermischen. 60 g Erdnüsse untermischen und restliche 20 g für die Garnitur aufheben.

2. Teig in die Förmchen aufteilen. Muffins ca. 25 Minuten backen. Danach die Form auf ein Kuchengitter stellen und ca. 45 Minuten abkühlen lassen.
3. In der Zwischenzeit für die Glasur Erdnussmus und Dicksaft mit den Quirlen des Handrührers cremig rühren. Frischkäse untermischen und die Glasur anschließend kühl stellen, bis eine feste Masse entsteht.
4. Erdnuss-Glasur in den Spritzbeutel füllen und auf die abgekühlten Muffins spritzen. Mit den zur Seite gestellten Erdnüssen bestreuen.

Himbeer-Dattel-Nachspeise

Dauer: ca. 1 Stunde 25 Minuten
Pro Portion: ca. 276 kcal, 1160 kJ, 13 g EW, 27 g KH, 12 g Fett

Zutaten für 4 Portionen:
300 g TK-Himbeeren
120 g getrocknete, entkernte Datteln
20 g Kokosraspel
1 Bio-Limette
250 g Magerquark
100 g Frischkäse
Prise Salz

Außerdem:
4 Dessertsgläser á 150 ml
125 g Himbeeren und Minze für die Garnitur

Zubereitung:

1. TK-Himbeeren in einen Topf erhitzen, bis sie aufgetaut sind. Durch ein Sieb streichen, Mark auffangen und kurz abkühlen lassen. In der Zwischenzeit die Datteln in Mixbehälter geben, mit 60 ml warmen Wasser übergießen und fein pürieren. Kokosraspeln in einer Pfanne ohne Fett bei mittlere Hitze

goldgelb rösten und zum Abkühlen in eine kleine Schüssel geben.
2. Limette heiß abwaschen und trocken reiben. Schale von ½ Limette fein abreiben und Saft auspressen. Magerquark, Datteln in einer Rührschüssel mit einem Schneebesen vermischen. 100 g Himbeermark untermengen.
3. Je Glas nacheinander 1 TL Kokospaspel, 2 TL Himbeermark, 70 g Himbeer-Dattel-Quark, 1 TL Kokosraspel, 2 TL Himbeermark und mit 15 g frische Himbeeren, 70 g Himbeer-Dattel-Quark und 1 TL Himbeermark einschichten. Gläser bis zum Servieren mindestens 1 Stunde in den Kühlschrank stellen. Mit den restlichen Kokosraspeln bestreuen und mit frischen Himbeeren und mit Minze garnieren und servieren.

Kakao-Haselnuss-Kuchen

Dauer: ca. 1 Stunde 15 Minuten
Pro Stück: ca. 415 kcal, 17440 kJ, 8 g EW, 28 g KH, 30 g Fett

Zutaten für 12 Stück:
200 g getrocknete, entkernte Pflaumen
75 g Rosinen
50 g Zartbitterkuvertüre
250 g weiche Butter
Prise Salz
1 Messerspitze gemahlene Bourbon-Vanille
3 Eier
150 g Weizenmehl Type 1050
3 gestrichene EL Kakaopulver
1 ½ TL Weinstein-Backpulver
1 gehäufter TL Zimt
50 g geröstete, gemahlene Haselnüsse
75 g geröstete, gehackte Haselnüsse

Für die Garnitur:
50 g geröstete, gehackte Haselnüsse
50 g Zartbitterkuvertüre

Außerdem:
1 rechteckige Backform á ca. 20 x 30 cm
Etwas Fett für die Form

Zubereitung:

1. Für den Kuchen 125 g pflaumen mit 50 ml warmen Wasser in einen Mixbehälter geben und fein pürieren. Restliche 75 g Pflaumen, Rosinen und Kuvertüre fein hacken und zusammen beiseite stellen. Backofen auf 170 Grad vorheizen und die Form einfetten.
2. Salz, Butter, Pflaumenpüree und Vanille in eine Rührschüssel geben und mit den Quirlen des Handrührers ca. 2 Minuten schaumig rühren. Die Eier nacheinander ca. ½ Minute einrühren. 125 g Mehl, Zimt, Backpulver, Kakao und gemahlene Haselnüsse mischen, ebenfalls in die Rührschüssel geben und kurz zu einem gleichmäßigen Teig verrühren. Gehackte Haselnüsse und restliche 25 g Mehl mit den gehackten Pflaumen, Rosinen und der Kuvertüre vermischen. Mischung zum Teig geben und mit dem Teigschaber unterheben.
3. Den Teig in die Form geben und glatt streichen. Für die Garnitur gehackte Haselnüsse gleichmäßig auf dem Teig verteilen und diese leicht eindrücken. Den Kuchen ca. 30-35 Minuten backen.
4. Form aus dem Ofen nehmen und auf einem Kuchengitter abkühlen lassen. Für die Garnitur Kuvertüre grob hacken, über einem Wasserbad schmelzen und mit einem Teelöffel über den Kuchen sprenkeln. Kuvertüre ca. 35 Minuten trocknen lassen und den Kuchen in 12 Stücke schneiden.

Mango-Milchreis-Nachspeise

Dauer: ca. 50 Minuten
Pro Portion: ca. 331 kcal, 1390 kJ, 8 g EW, 41 g KH, 15 g Fett

Zubereitung für 4 Portionen:
Ca. 450 ml Milch
Prise Salz
2 Messerspitzen gemahlene Bourbon-Vanille
1 Bio-Zitrone
100 g Milchreis
Ca. 400 g reife Mangos
50 g getrocknete Soft-Aprikosen
100 g Sahne
5-10 g gehackte Pistazien

Außerdem:
4 Gläser á 250 ml
Minze für die Garnitur

Zubereitung:

1. 400 ml Milch, 1 Messerspitze und Salz in einem Topf geben. Zitrone heiß abwaschen, trocken reiben, mit einem Sparschäler ein ca. 10 cm langes und 1 cm breites Stück Schale abschälen und diese ebenfalls in den Topf geben. Reis kalt abbrausen, abtropfen lassen, dazugeben, aufkochen und im Topf unter gelegentlichem rühren ca. 20 Minuten köcheln lassen. Auf einen Teller geben, mindestens 20 Minuten abkühlen lassen und Zitronenschale entfernen.
2. In der Zwischenzeit Mangos schälen und das Fruchtfleisch vom Kern lösen. Etwas mehr als die Hälfte (ca. 180 g) grob würfeln und beiseite stellen. Aprikosen ebenfalls grob würfeln und mit in den Mixbehälter geben. Restliche Messerspitze Vanille dazugeben und alles fein pürieren.
3. Die Sahne steif schlagen. Milchreis mit restlichen 50 ml Milch vermischen. Bis eine cremige Konsistenz entsteht. ¾ des Mango-Aprikosen-Pürees untermischen. Sahne und die Hälfte

der Mangowürfel untermischen. Die Hälfte der restlichen Mangowürfel auf 4 Gläser verteilen.

4. Je ¼ der Milchreismischung darauf verteilen. Je ¼ der restlichen Mangowürfel und des Fruchtpürees als Topping auf dem Milchreis verteilen. Mit je ¼ der Pistazien bestreuen und mit Minze garnieren und bis zum Servieren kühl stellen.

Gebackene Pfirsichenhälften

Dauer: ca. 30 Minuten
Pro Portion: ca. 360 kcal, 1516 kJ, 7 g EW, 37 g KH, 19 g Fett

Zutaten für 4 Portionen:
4 reife Pfirsiche
8 EL Honig
2 EL Walnusskerne
2 EL Mandeln
1 EL Zitronensaft
3 EL Wasser
400 g stichfesten Joghurt (10 %)
Einige Minzblättern

Zubereitung:

1. Den Ofen auf 220 Grad Vorheizen (Umluft 200 Grad) Pfirsiche halbieren und entkernen. Mit der Schnittfläche nach oben in eine große Auflaufform legen und mit Honig (4 EL) beträufeln. Auf die mittlere Schiene in den Ofen stellen und für 15-20 Minuten backen.
2. In der Zwischenzeit Walnusskerne und Honig (4 EL) dazugeben, unter Rühren kurz karamellisieren und mit Zitronensaft und Wasser ablöschen und beiseitestellen.
3. Den Joghurt mit einem Esslöffel als Nocken auf Dessertteller verteilen. Mit Pfirsichen und Nuss-Honig-Glasur anrichten und mit einigen Minzblättern bestreuen und sofort servieren.

Kürbis mit Schmand

Dauer: ca. 40 Minuten
Pro Portion: ca. 470 kcal, 1972 kJ, 5 g EW, 76 g KH, 15 g Fett

Zutaten für 4 Portionen:
½ Hokkaido-Kürbis (650 g)
1 Bio-Orange
200 g Zucker
1 Zimtstange
50 g Walnusskerne
130 g Schmand

Zubereitung:

1. Das weiche Innere und die Kerne vom Kürbis herauskratzen. Das Fruchtfleisch schälen und erst in Spalten, dann in Würfeln schneiden.
2. Orange heiß abwaschen, trocken reiben und mit einem Sparschäler komplett schälen. 100 ml Orangensaft auspressen.
3. In einem Top Orangensaft, -schale, Zucker, Zimtstange aufkochen. Den Kürbis untermischen und zugedeckt bei schwacher Hitze 6-8 Minuten dünsten. Kürbis verrühren und im Topf abkühlen lassen.
4. Walnusskerne grob hacken. Kürbis mit Schmand und Walnüssen aufteilen und servieren.

Pflaumenquark

Dauer: ca. 25 Minuten
Pro Portion: ca. 475 kcal, 1987 kJ, 15 g EW, 37 g KH, 26 g Fett

Zutaten für 4 Portionen:
500 g Pflaumen
130 g Preiselbeerkompott
100 ml Rotwein
1 Zimtstange
2 Packung Vanillezucker
2 TL Speisestärke
500 g Sahnequark
50 g Puderzucker
1 TL fein abgeriebene Bio-Zitronenschale
2 TL Zitronensaft
150 ml Schlagsahne

Zubereitung:

1. Pflaumen waschen, halbieren und entkernen. Preiselbeerkompott, Rotwein, Zimtstange und 1 Packung Vanillezucker aufkochen. Pflaumen dazugeben und zugedeckt bei schwacher Hitze 10 Minuten köcheln lassen. Speisestärke in etwas kaltem Wasser anrühren, unter die Pflaumen heben und erneut aufkochen. In eine Schüssel geben und abkühlen lassen.
2. Sahnequark, Puderzucker, 1 Packung Vanillezucker, Zitronensaft, -schale mit Quirlen des Handrührers 3 Minuten cremig rühren. Schlagsahne steif schlagen und untermischen. Locker mit dem abgekühlten Pflaumenkompott mischen und auf Dessertschalen aufteilen und servieren.

Low-Carb-Beeren-Shake

Dauer: ca. 15 Minuten
Pro Portion: ca. 339 kcal, 1425 kJ, 13 g EW, 33 g KH, 14 g Fett

Zutaten für 2 Portionen:
20g Ingwer
300 g TK-Beerenfrüchte (aufgetaut)
Etwas Zimt
2 EL geschrotete Leinsaat
1 EL Haferkleie
500 ml Milch
1-2 EL Zitronensaft (optional)
1-2 EL Kokosblütensirup (optional)

Zubereitung:

1. Ingwer schälen und fein reiben und zusammen mit den restlichen Zutaten in ein hohes Gefäß geben und fein pürieren. Nach Belieben mit Kokosblütensirup und Zitronensaft abschmecken

Nachwort

Ich hoffe Ihnen haben die Rezepte gefallen. Mit diesen vegetarischen Rezeptideen konnte ich vielen Freunden und Bekannten die sich Vegetarisch ernähren viel Freude bereitet. Nicht jedes Gericht, schmeckt jedem. Sie können ja gerne, das eine oder andere Gericht selber abändern oder verfeinern. Das Wichtige ist doch, dass es Ihnen und Ihrer Familie, Freunden und Bekannten schmeckt. Zudem hoffe ich das Ihnen dieses Buch viele leckere und köstliche Gerichte bietet oder Ihre Fantasien zu was Neuem angeregt hat. In diesem Sinne wünsche ich Ihnen viel Spaß mit dem Rezeptbuch und gutes Gelingen.

Impressum

© Autor Nina Kemp 2019
1. Auflage
Alle Rechte vorbehalten.
Nachdruck, auch auszugsweise, verboten.
Kein Teil dieses Werkes darf ohne schriftlich Genehmigung des Autors in irgendeiner Form reproduziert, vervielfältigt oder verbreitet werden.
Kontakt: Stefan Klock, Offenbacher Str. 144, 63263 Neu-Isenburg
Covergestaltung: Markus Seitz
Coverfoto: depositphotos.com

Printed in Poland
by Amazon Fulfillment
Poland Sp. z o.o., Wrocław

54328473R00092